창의적
재량활동
시리즈

1

인성 교육

전도근 저

학지사

　　현대사회는 과학기술의 발달과 산업화를 통해 인간생활을 물질적으로 풍요롭게 해 주었다. 그러나 이러한 물질적 풍요로움 이면에는 여러 가지 사회경제적 문제점이 나타나고 있다. 우리 사회도 현대화됨에 따라 서구 사회처럼 핵가족화 현상, 맞벌이 부부 증가, 자녀 수 감소 등 가족 형태와 구조에 변화가 나타나고 있는데, 이러한 변화는 혈연을 중심으로 이루어진 우리나라의 전통적인 가족 기능에 큰 영향을 미쳤다.

　　산업화 이전 우리의 가정은 예의범절, 생활습관, 올바른 가치관 성립과 공동생활 규범 등 인간으로서 지녀야 할 개인적인 덕목과 국가, 사회의 유지 발전을 위한 사회적 가치관을 형성하는 인성 교육에서 중요한 역할을 담당해 왔다. 그러나 오늘날 현대사회의 급속한 산업화 현상과 사회 변화로 인해 그 역할을 다하지 못하고 있다. 가정의 역할을 중요시했던 대가족 문화에서 새로운 핵가족 문화로의 변화는 사회 구성원 간, 특히 세대 간에 깊은 갈등을 야기하고 있다. 또한 가정교육의 약화로 개인의 가치관 혼란은 사회분열 양상으로 확대되어 가고 있다는 점에 문제의 심각성이 있다.

　　이러한 현실은 그동안 가정이 담당해 왔던 인성 교육의 많은 부분을 학교가 맡을 수밖에 없게 하였다. 그러나 우리의 학교교육은 인간 생활의 본질적 의미와 참다운 삶의 방향을 가르치기보다는 입시에 필요한 지식교육에만 치중하여 인성 교육 기능을 수행하지 못하고 있다. 결과적으로 가정, 학교, 사회공동체 어느 곳에서도 인성의 중요성을 인식하고 가르치는 곳이 없다. 사회 구성원으로 건강한 삶을 살아가는 데 필요한 자질을 갖춘 행복한 개인을 탄생시키기 위해서는 어려서부터 자연과 더불어 사는 삶, 이웃과 더불어 사는 삶, 문화적인 다양한 체험을 통해 그 속에서 인성을 다듬어 나가야 한다. 그러나 우리의 교육 현실은 메마른 정서, 제한된 대인관계, 타인에 대한 배려를 모르고 자기중심적인 행동을 당연하게 생각하는 이기적이고 나약한 학생들을 양성하고 있다. 이러한 결과는 곧바로 우리가 TV와 신문 등을 통해 자주 접하게 되는 사회의 심각한 병리현상으로 나타나고, 이는 다시 한 번 인성 교육의 중요성을 부각시킨다.

이 결과로 1997년 개정 고시된 제7차 도덕과 교육과정에서는 주요 쟁점 중 하나로 학생들의 인성 교육 강화를 목표로 하고 있다. 인성 교육을 통해 올바른 성품을 지니고, 도덕성의 인지적·정의적·행동적 측면이 조화롭게 발달한 통합적 인간을 양성하려는 노력의 새로운 출발인 것이다. 또한 2007년 2월 발표된 제7차 개정 교육과정에서는 한층 구체화된 방법으로 다양한 체험학습을 통한 도덕적 실천을 강조하였다. 실천을 강조하는 새로운 교육과정은 도덕과 교육과정과 일맥상통한다고 할 수 있다. 왜냐하면 학습을 통해 습득한 지식을 내면화하여 실천함으로써 자율적인 도덕생활을 영위할 수 있게 하는 것이 도덕 교육의 진정한 목표이기 때문이다. 이러한 측면에서 실천을 위한 도덕 교육 방법으로 체험학습 중심의 교육이 중요한 기능을 할 것으로 보인다. 그중에서도 봉사활동 학습은 학교에서 배운 지식과 지역사회를 연결하여 실천을 통한 진정한 인성 교육을 실현하는 데 중요한 도덕 교육 방법이 될 것이다. 종래의 교육 방법은 인지적인 측면만을 부각시키고 성적을 위한 활동에만 치중하였다. 그 결과 인지적·정의적·행동적 측면이 통합적으로 잘 발달한 바람직한 도덕적 인격을 형성하지 못하고 도덕 교육에서도 포괄적인 성격을 제대로 구현하지 못하였다. 이러한 철저한 자기반성의 결과로 봉사활동 학습에 대한 관심이 대두되고 있는 것이다.

이로 인해 학교에서 적용하고 있는 것이 창의적 재량활동이다. 창의적 재량활동은 학교, 교사, 학생의 자율성과 재량권을 제도적으로 보장한 것으로, 교과서에 제한을 두지 않고, 학교교육 목표에 맞게 학교별로 자율적으로 교육을 할 수 있는 것을 말한다. 이에 따라 학교에서는 학생들의 창의성을 기르기 위해 학교 재량에 맞게 교육과정을 운영하면 된다.

이 책은 교사들이 학교 현장에서 학생들을 위한 내실 있는 창의적 재량활동이 이루어질 수 있도록 가이드라인 역할을 할 수 있도록 구성하였다. 제1장에서는 창의적 재량활동의 개념과 필요성을, 제2장에서는 인성 지도를, 제3장에서는 기본생활습관을, 제4장에서는 도덕성을, 제5장에서는 공동체 의식을, 제6장에서는 환경 교육을, 제7장에서는 경제 교육을, 제8장에서는 건강안전 교육을 다루었다. 오늘도 창의적 재량활동을 지도하기 위해 애쓰는 많은 선생님이 이 책의 도움을 받기를 기대한다.

2011년
전도근

차 례

■ 머리말 / 2
■ 이 책의 활용 요령 / 9
■ 회차별 지도 계획 / 10

제1장 창의적 재량활동의 개념과 필요

1. 창의적 재량활동의 정의 및 현황   14
2. 창의적 재량활동의 목적   14
3. 창의적 재량활동의 영역   15
4. 창의적 재량활동의 관점   17
5. 창의적 재량활동의 특징   18
6. 창의적 재량활동의 필요성   20
7. 창의적 재량활동의 기본 원리   21
8. 창의적 재량활동의 적용 방법   23
9. 영역별 시간 운영   25
   활동 1 ▌창의적 재량활동 이해하기   26

제2장 인성 지도

1. 인성 교육의 개념   30
2. 인성 교육의 영역   31
3. 자아 확립   32
   활동 2 ▌나는 어떤 사람일까?   34
   활동 3 ▌행복한 우리 집   35
   활동 4 ▌즐거운 우리 학교   36
   활동 5 ▌꿈과 희망이 자라나는 우리 교실   37

활동 6 ▌ 남들은 나를?   38

활동 7 ▌ 내가 좋아하는 것과 싫어하는 것은?   39

활동 8 ▌ 미래의 내 직업과 명함 만들기   41

활동 9 ▌ 나도 잘할 수 있어요   42

활동 10 ▌ 좋지 않은 습관 고치기   43

활동 11 ▌ 내가 생각하는 성공과 도전   44

활동 12 ▌ 지난 1년의 좋았던 기억   45

활동 13 ▌ 나는 이런 사람이다   46

　　　❖ 인성 검사   47

제3장　기본생활습관

1. 기본생활습관   50

　활동 14 ▌ 나는 어떤 생활을 할까?   51

2. 시간관리   52

　활동 15 ▌ 나의 시간관리 습관은?   53

3. 정리정돈   54

　활동 16 ▌ 내가 규칙적으로 하고 있는 것은?   56

　활동 17 ▌ 내가 하고 있는 집안 정리정돈은?   57

　활동 18 ▌ 학교 청소 점검표 작성하기   58

　　❖ 기본생활습관 검사   59

제4장　도덕성 확립

1. 도덕성   62

2. 식사 예절   62

　활동 19 ▌ 나는 식사 예절 전문가   63

　활동 20 ▌ 점심 뷔페 차리기   64

3. 효 도   65

활동 21 ┃ 효행 10훈 만들기   67

활동 22 ┃ 효행 점검표 작성하기   68

활동 23 ┃ 나의 뿌리를 찾아서   69

활동 24 ┃ 편지는 사랑을 싣고   70

4. 초대와 방문 예절   71

활동 25 ┃ 초대와 방문 예절 익히기   73

5. 인사 예절   74

활동 26 ┃ 나는 인사의 달인   75

6. 전화 예절   76

활동 27 ┃ 갑자기 전화가 왔어요   77

7. 관람 예절   78

활동 28 ┃ 나는 배려할 줄 알아요   79

8. 대화법   80

활동 29 ┃ 선생님 고맙습니다   81

⫶ 도덕성 검사   82

제5장 공동체 의식

1. 공동체 의식   86

활동 30 ┃ 하나 되기 위한 학급활동   87

활동 31 ┃ 탑 쌓기   88

2. 협동심   89

활동 32 ┃ 두레 신문 만들기   90

활동 33 ┃ 협동 모자이크 만들기   91

활동 34 ┃ 두레 체육대회   92

활동 35 ┃ 두레 일기   93

3. 준법정신   94

활동 36 ┃ 모의재판   95

활동 37 ┃ 이름표 달기   96

활동 38 ┃ 무인판매대 운영   97

4. 공중도덕   98

활동 39 ┃ 나의 공중도덕지수는?   99

5. 질 서   100
   활동 40 ▌ 질서 점검표 작성하기   101
   활동 41 ▌ 질서와 공중도덕 지키기   102
6. 봉사활동   103
   활동 42 ▌ 나의 봉사활동   104
7. 다문화 가정   105
   활동 43 ▌ 다문화 가정의 친구를 보면?   106
   활동 44 ▌ 다른 나라 국기 그리기   107
   ▪ 공동체 의식 검사   108

제6장 환경 교육

1. 환경 교육   112
2. 에너지 절약   112
   활동 45 ▌ 나는 에너지 절약의 달인   114
3. 분리수거   115
   활동 46 ▌ 나는 분리수거의 달인   116
4. 환경보호   117
   활동 47 ▌ 환경보호 실천하기   118
   활동 48 ▌ 환경보호 실천일지 쓰기   119
   활동 49 ▌ 나는 환경 파수꾼   120
5. 음식물 쓰레기 줄이기   121
   활동 50 ▌ 음식물 쓰레기를 줄이자   122
6. 폐품 재활용   123
   활동 51 ▌ 나는 재활용의 달인   124
   ▪ 환경 의식 검사   125

제7장 경제 교육

1. 경제 교육   128
2. 용돈 절약   128
    활동 52 ▐ 용돈 아껴쓰기   129
    활동 53 ▐ 나만의 화폐 그리기   130
3. 소비자 교육   131
    활동 54 ▐ 알뜰시장 운영   132
4. 학용품 절약   134
    활동 55 ▐ 학용품 아껴쓰기   135
    활동 56 ▐ 경제 퍼즐   136
    ⁝ 경제 의식 검사   138

제8장 건강안전 교육

1. 건강 교육   142
2. 신체 청결   142
    활동 57 ▐ 내 몸 깨끗이 하기   144
    활동 58 ▐ 건강한 나의 몸   145
    활동 59 ▐ 건강한 생활   146
3. 안전 교육   147
    활동 60 ▐ 사고의 원인을 찾아라   148
    활동 61 ▐ 물놀이 안전   149
4. 교통안전   151
    활동 62 ▐ 교통규칙을 지키자   152
    활동 63 ▐ 교통표지판 그리기   153
5. 화재 예방과 화재 시 대처요령   154
    활동 64 ▐ 화재 예방 점검하기   155
    ⁝ 건강안전 의식 검사   156

■ 참고문헌 / 158

　이 책은 창의적 재량활동을 위한 다양한 프로그램으로 구성되어 있다. 창의적 재량활동은 크게 인성 교육, 진로직업 교육, 독서 교육, 창의력 향상 전략으로 나눌 수 있는데, 여기에서는 인성 교육 중심으로 살펴보고자 한다. 교사는 먼저 인성 지도에 대한 중요성을 알려 주고, 학생들은 장마다 그에 맞는 활동을 하도록 되어 있다.

　이 책에는 각 장별로 인성 교육에 필요한 내용과 활동이 있다. 이 책의 모든 활동은 인성을 기르는 것이 목적이지 정답을 구하는 것이 아니라는 것을 잊어서는 안 된다. 학생들이 다양한 생각을 적고 이를 공유함으로써 상대방에 대해 이해하고, 자신의 생각을 올바르게 갖게 하는 것이 중요하다.

　창의적 재량활동 중 인성 교육을 위해서는

첫째, 각 장별로 개념 설명이나 중요성을 설명해 주어야 한다.
둘째, 장별로 마련된 활동지는 학생들에게 먼저 활동지를 작성하는 방법과 목적을 충분히 설명해 주고 작성하도록 한다.
셋째, 활동지 작성을 마친 후에는 전체 학생들이 모여서 토론하도록 한다.
넷째, 각 장별 검사는 단원이 시작되기 전이나 끝난 후에 점검하여 학생 평가 자료로 활용한다.

　활동지를 작성하는 도중 교사가 기존의 교육 방식대로 모범답안을 요구하면 학생의 발달이 더는 진전되지 않을 것이다. 따라서 교사에게는 어떤 대답이든 긍정적인 자세로 받아들이는 열린 마음이 필요하다. 칭찬과 격려만이 학습에 강한 동기가 된다는 점을 잊지 말자.

회차별 지도 계획

다음에 제시되는 회차별 지도 계획은 참고할 수 있는 하나의 예다. 교사는 대상의 수준과 상황에 맞게 다양한 방법으로 수업을 이끌 수 있다.

회차	프로그램명	세부 내용	비고
1	창의적 재량활동	창의적 재량활동의 개념과 필요성 창의적 재량활동 이해하기	활동 1
2	인성 지도	인성 교육에 대한 개념 이해하기 자아확립	활동 2, 3
3		자아확립	활동 4~11
4			
5			
6			
7		자아확립 인성 검사 하기	활동 12, 13
8	기본생활습관	기본생활습관에 대한 개념 이해하기 시간관리에 대한 개념 이해하기	활동 14, 15
9		정리정돈에 대한 개념 이해하기	활동 16, 17
10		정리정돈에 대한 개념 이해하기 기본생활습관 검사 하기	활동 18
11	도덕성	도덕성에 대한 개념 이해하기 식사 예절에 대한 개념 이해하기	활동 19
12		식사 예절에 대한 개념 이해하기	활동 20
13		효도에 대한 개념 이해하기	활동 21~24
14			
15		초대와 방문 예절에 대한 개념 이해하기 인사 예절에 대한 개념 이해하기	활동 25, 26
16		전화 예절에 대한 개념 이해하기 관람 예절에 대한 개념 이해하기	활동 27, 28
17		대화법에 대한 개념 이해하기 도덕성 검사 하기	활동 29

18	공동체 의식	공동체 의식에 대한 개념 이해하기	활동 30, 31
19		협동심에 대한 개념 이해하기	활동 32~35
20			
21		준법정신에 대한 개념 이해하기 공중도덕에 대한 개념 이해하기	활동 36~39
22			
23		질서에 대한 개념 이해하기	활동 40, 41
24		봉사활동에 대한 개념 이해하기	활동 42
25		다문화 가정에 대한 개념 이해하기 공동체 의식 검사 하기	활동 43, 44
26	환경 교육	환경 교육에 대한 개념 이해하기 에너지 절약에 대한 개념 이해하기	활동 45
27		분리수거에 대한 개념 이해하기	활동 46
28		환경보호에 대한 개념 이해하기	활동 47~49
29		음식물 쓰레기 줄이기에 대한 개념 이해하기 폐품 재활용에 대한 개념 이해하기 환경 의식 검사 하기	활동 50, 51
30	경제 교육	용돈 절약	활동 52, 53
31		소비자 교육	활동 54
32		학용품 절약 경제 의식 검사 하기	활동 55, 56
33	건강안전 교육	신체 청결	활동 57~59
34			
35		안전 교육	활동 60, 61
36		교통안전	활동 62, 63
37		화재 예방 점검하기 건강안전 의식 검사 하기	활동 64
38		정리 총괄 평가	

제 1 장

창의적 재량활동의 개념과 필요

창의적 재량활동		
세부 내용	창의적 재량활동에 대한 개념 이해하기	
목표	• 창의적 재량활동의 개념을 알 수 있다. • 창의적 재량활동의 영역을 설명할 수 있다. • 창의적 재량활동의 필요성을 설명할 수 있다.	
단계	**교수 · 학습 활동**	**자료**
1	도입단계	• 창의적 재량활동에 대한 동기유발 　─창의적 재량활동이라는 단어를 듣고 떠오르는 생각 말해 보기 　─창의적 재량활동의 개념 알아보기	
2	전개단계	• 창의적 재량활동의 정의 및 현황 • 창의적 재량활동의 목적 • 창의적 재량활동의 영역 • 창의적 재량활동의 관점 • 창의적 재량활동의 특징 • 창의적 재량활동의 필요성 • 창의적 재량활동의 기본 원리 • 창의적 재량활동의 적용 방법 • 영역별 시간 운영	활동지
3	정리단계	• 학습 소감 발표 　─앞으로 창의적 재량활동에서 배우고 싶은 영역 발표하기 　─활용 계획 이야기하기	

1 창의적 재량활동의 정의 및 현황

창의적 재량활동은 학생의 자기주도적 학습 능력과 창의력을 신장하기 위하여 지역 특성, 학교 실정, 학생의 필요와 요구를 반영하여 학교의 독특한 문화에 맞게 운영할 수 있는 교육과정의 영역으로, 학생들의 다양한 요구와 급변하는 사회적 요구를 수용하기 위한 것이다. 이를 위해 교육 내용에 대한 학생의 선택권 확대와 직접적인 체험활동 기회 확대를 위하여 교과서를 탈피한 창의적인 프로그램을 개발, 운영하는 것이다.

결국 창의적 재량활동은 학교, 교사, 학생의 자율성과 재량권을 제도적으로 보장한 것으로, 교과서에 제한을 두지 않고 학교교육 목표에 맞게 학교별로 자율적으로 교육할 수 있는 것을 말한다. 따라서 학교에서는 학생들의 창의성을 기르기 위한 학교 재량에 맞는 교육과정을 운영한다.

일반적으로 대부분의 학교에서는 다른 과목을 담당하고 있는 교사가 나누어 지도한다. 이러다 보니 모든 학년이 받는 교육이 같은 학교도 있고 반별로 주제가 다른 학교도 있다. 실제로 창의적 재량활동을 운영하는 학교 현장을 들여다보면, 자습을 시키는 경우, 담당 교사가 손수 제작한 교재로 수업하는 경우, 비디오를 시청하는 경우도 있다. 심지어 교과 수업을 하기도 한다.

2 창의적 재량활동의 목적

창의적 재량활동 운영의 목적은 지역사회의 특성, 학교 여건, 학생 및 학부모의 필요와 요구를 반영하여 학교의 독특한 교육적 풍토에 알맞은 창의적인 교육 활동을 함으로써 21세기의 세계화·정보화 시대를 주도적으로 이끌어 갈 수 있는 자기주도적인 능력과 창의성을 신장시키는 인간 교육을 실현하는 데 있다. 그에 대한 세부 목적을 보면 다음과 같다.

● 학생들의 다양한 요구·흥미·적성의 수용

- 학교교육에 대한 사회적 요구 수용
- 학교의 독특한 문화 풍토에 따른 학교의 자율 재량권 발휘
- 교육과정 편성 · 운영에 대한 교사의 전문성 발휘
- 교육 내용에 대한 학생의 선택권 확대
- 학생의 직접적인 체험활동 기회 확대
- 교과서를 탈피한 창의적인 프로그램 개발 및 운영

3 창의적 재량활동의 영역

창의적 재량활동의 운영은 학교 자율권을 확대하여 국가 · 사회적 요구를 반영하며, 35개 영역에 걸쳐 범교과 학습 내용을 다루는 것으로 되어 있다. 35개 영역은 다음과 같다.

중점 지도 영역	내용	구현 활동
인성 지도	• 인성 지도 • 자아 확립	• 나는 어떤 사람일까? • 행복한 우리 집 • 즐거운 우리 학교 • 꿈과 희망이 자라나는 우리 교실 • 남들은 나를? • 내가 좋아하는 것과 싫어하는 것은? • 미래의 내 직업과 명함 만들기 • 나도 잘할 수 있어요 • 좋지 않은 습관 고치기 • 내가 생각하는 성공과 도전 • 지난 1년의 좋았던 기억들 • 나는 이런 사람이다
기본생활습관	• 기본생활습관 • 시간관리 • 정리정돈	• 나는 어떤 생활을 할까? • 나의 시간관리 습관은? • 내가 규칙적으로 하고 있는 것은? • 내가 하고 있는 집안 정리정돈은? • 학교 청소 점검표 작성하기

도덕성	• 식사 예절 • 효도 • 초대와 방문 예절 • 인사 예절 • 전화 예절 • 관람 예절 • 대화법	• 나는 식사 예절 전문가 • 점심 뷔페 차리기 • 효행 10훈 만들기 • 효행 점검표 기록하기 • 나의 뿌리를 찾아서 • 편지는 사랑을 싣고 • 초대와 방문 예절 익히기 • 나는 인사의 달인 • 갑자기 전화가 왔어요 • 나는 배려할 줄 알아요 • 선생님 감사합니다
공동체 의식	• 협동심 • 준법정신 • 공중도덕 • 질서 • 봉사활동 • 다문화 가정	• 하나 되기 위한 학급활동 • 탑 쌓기 • 두레 신문 만들기 • 협동 모자이크 만들기 • 두레 체육대회 • 두레 일기 • 모의재판 • 비품에 이름표 달기 • 무인판매대 운영 • 나의 공중도덕지수는? • 질서 점검표 작성하기 • 질서와 공중도덕 지키기 • 나의 봉사활동 • 다문화 가정의 자녀를 보면? • 다른 나라 국기 그리기
환경 교육	• 에너지 교육 • 분리수거 • 환경보호 • 음식물 쓰레기 줄이기 • 폐품 재활용	• 나는 에너지 절약의 달인 • 나는 분리수거의 달인 • 환경보호 실천하기 • 환경보호 실천일지 쓰기 • 나는 환경 파수꾼 • 음식물 쓰레기를 줄이자 • 나는 재활용의 달인
경제 교육	• 용돈 절약 • 소비자 교육 • 학용품 절약	• 용돈 아껴쓰기 • 나만의 화폐 그리기 • 알뜰시장 운영 • 학용품 아껴쓰기 • 경제 퍼즐

건강안전 교육	• 건강 교육 • 신체 청결 • 안전 교육 • 교통안전 • 화재 예방과 화재 시 대처 요령	• 내 몸 깨끗이 하기 • 건강한 나의 몸 • 건강한 생활 • 사고의 원인을 찾아라 • 물놀이 안전 • 교통안전을 지키자 • 교통표지판 그리기 • 화재 예방 점검하기

　민주시민 교육, 인성 교육, 환경 교육, 경제 교육, 에너지 교육, 근로정신 함양 교육, 보건 교육, 안전 교육, 성교육, 소비자 교육, 진로 교육, 통일 교육, 한국 문화 정체성 교육, 국제 이해 교육, 해양 교육, 정보화 및 정보윤리 교육, 청렴·반부패 교육, 물 보호 교육, 지속가능발전 교육, 양성평등 교육, 장애인 이해 교육, 인권 교육, 안전·재해 대비 교육, 저출산·고령 사회 대비 교육, 여가 활용 교육, 호국·보훈 교육, 효도·경로·전통 윤리 교육, 아동·청소년 보호 교육, 다문화 교육, 문화 예술 교육, 농업·농촌 이해 교육, 지적 재산권 교육, 미디어 교육, 의사소통·토론 중심 교육, 논술 교육 등 범교과 학습 주제는 관련 교과, 재량활동, 특별활동 등 학교교육 활동 전반에 걸쳐 통합적으로 다루어지도록 하고, 지역사회 및 가정과의 연계 지도에도 힘쓴다.

4 창의적 재량활동의 관점

1) 인간 교육의 관점

　창의적 재량활동의 목적은 학생을 사람다운 사람으로 만든다는 측면에서 인간 교육이라고 할 수 있다. 인간 교육은 전통적으로 유교에서 말하는 도, 덕, 인 등의 가르침과 상통한다. 인간 교육으로서 창의적 재량활동은 남을 돕는 것의 중요성과 다른 사람에 대한 이해와 사랑, 인자함과 의로움의 중요성을 강조하는 것이라 할 수 있다.

2) 인격 교육의 관점

인격이란 사람으로서의 됨됨이, 인품, 즉 사람으로서의 가치를 뜻한다. 사물에 품격이 있는 것처럼 사람에게도 격이 있는데, 창의적 재량활동은 학생의 인격을 고차원적으로 발전시키고자 한다. 따라서 인격 교육은 학생 스스로 옳고 그름을 가려내고 올바른 판단을 내려 행동으로 실천할 수 있게 하는 교육이다.

3) 인성 교육의 관점

창의적 재량활동은 초등학교에서는 인성 교육이라는 의미로도 사용된다. 인성이란 인지적 측면보다 정의적 측면을 강조하는데, 성격과 정서 교육을 핵심 개념으로 한다. 특히 인성은 심리학적 의미로 사람이 지닌 특정한 반응 양식 내지는 행동 양식으로, 한 개인이 다른 사람과의 관계 속에서 자기의 삶을 어떻게 엮어 나가느냐 하는 맥락으로 이해된다. 따라서 인성 교육이란 올바른 심성을 가진 사람으로 교육시키는 것을 말한다. 올바른 심성을 가진 학생은 자기 자신을 잘 이해하고, 긍정적인 마음으로 타인에 대한 공감적 이해와 존중하는 자세를 가진다. 이렇게 인성 교육은 자신의 능력을 최대한 살리면서 공동체와 더불어 인간답게 살 수 있도록 하는 교육이다.

5 창의적 재량활동의 특징

1) 인간 행동의 보편성을 지니도록 한다

인성은 개인적 특유의 성향이라기보다는 일반적인 심리적 특성을 포함하기 때문에 창의적 재량활동에서는 보편적인 인성을 가르쳐야 한다.

2) 인간 본성을 가르친다

인성은 인간 본연의 심성을 말하며, 인간 본성을 그중 핵으로 삼기 때문에 창의적 재량활동에서는 인간 본성에 충실하게 가르쳐야 한다.

3) 성격과 인격의 결합체다

인성은 심리학적으로 성격과 도덕적 가치를 지닌 인간의 완성을 목표로 하기 때문에 창의적 재량활동에서 좋은 성격과 인격이 형성될 수 있도록 가르쳐야 한다.

4) 개인과 사회적 수준을 고려한다

인성은 개인적 수준과 집단적 수준에서 형성되므로 창의적 재량활동에서는 개인의 욕구와 사회적 수준을 고려하도록 가르쳐야 한다.

5) 가치 지향적이다

인성은 다양하게 존재하는 교육적 가치를 지향하는 것으로 창의적 재량활동에서는 올바른 가치를 선택할 수 있도록 가르쳐야 한다.

6) 내부지향적이다

인성은 행위로 나타난 외부 형태를 보고 결정하는 것이 아니라 행위를 하기 위한 내부의 심적 상태에 의해서 결정되기 때문에 창의적 재량활동에서 올바른 가치를 선택할 수 있도록 가르쳐야 한다.

7) 다양성을 지닌다

인성은 어느 한 요소에 의해서만 형성되는 것이 아니라 다원적 요소에 의해서 형성되므로 창의적 재량활동에서는 여러 가지 경험을 통해서 인성이 올바로 형성될 수 있도록 가르쳐야 한다.

6 창의적 재량활동의 필요성

우리나라에서 창의적 재량활동에 대한 공론화가 이루어진 것은 1995년 5월 31일 교육개혁위원회가 발표한 「신교육체제 수립을 위한 교육개혁의 방안」이라는 보고서를 통해서였다. 교육개혁위원회는 창의적 재량활동의 필요성에 대한 사회적인 공감대를 기반으로 실천 중심의 창의적 재량활동 강화를 중요한 개혁 추진 과제로 발표하였다. 또 교육 현장에 기본 생활태도 및 예절 교육의 강화, 건강한 심신 훈련을 위한 다양한 프로그램의 개발 및 운영, 민주적 태도 함양을 위한 실천적 학습 기회를 확대하여 행동 및 실천 위주의 창의적 재량활동의 강화를 추진하였다.

1) 사람다운 사람을 만든다

인성은 사람이 어떤 경험을 하느냐에 따라 변화하며, 그 인성에 따라 그 사람의 삶의 방향과 도덕적 행위를 결정하게 한다. 따라서 발달단계에 맞는 창의적 재량활동은 개인적 · 사회적으로 필수적으로 요구된다. 인성은 사람을 사람답게 만들고 타인의 아픔을 이해하고 그 아픔을 같이할 수 있는 온정, 공동 가치를 위해 함께할 수 있는 협동심을 기르는 것이다. 이는 창의적 재량활동의 궁극적인 목적이다.

2) 청소년 문제를 해결한다

사람은 환경과의 유기적 관계하에서 성격이나 인성이 생성, 발전, 내면화된다. 따라서 최근 청소년들의 문제 행동이 단순히 청소년 개인의 문제가 아니라 사회가 영향을 주었다고 보는 견해가 많다. 따라서 사람의 인성 형성은 개인과 사회가 함께 해결할 공동 문제라 할 수 있다.

청소년 문제를 해결하기 위해 우리 사회는 청소년들에게 건전한 민주시민 의식과 합리적인 가치관을 확립시킬 수 있는 환경을 제공해 주어야 할 의무가 있다. 학생들의 민주시민 의식이나 합리적 가치관은 그냥 주어지는 것이 아니라 교육을 통해 학습되고 내면화되기 때문에 창의적 재량활동은 필요하다.

3) 세계시민을 기른다

인류는 과학의 발달로 인해 새로운 가치관이 빛의 속도로 확산되어 한 사회를 흥하게 할 수도 있고 망하게 할 수도 있게 되었다. 따라서 올바른 교육을 통해 새로운 과학기술과 지식, 새로운 문화를 창조할 수 있는 인간을 육성해 내야 한다. 지구가 하나의 생활권이 되는 세계화 시대에 세계시민으로서 협동하고 경쟁할 수 있는 능력 있는 인간을 기르기 위한 창의적 재량활동이 필요하다.

4) 공동체 의식을 기른다

공동체란 같은 목적과 의식을 공유하고 생활을 나누며 공동의 목표를 추구하는 무리나 모임을 일컫는 말로, 공동체의 범위는 넓게는 지구, 국가, 민족을 포함하며, 좁게는 가정, 학교, 사회를 의미한다. 이러한 이유로 창의적 재량활동은 공동체 의식을 떠나 생각할 수 없다. 사회는 구성원들이 공동체 의식을 바탕으로 서로 존중하면서 이해하고 협동하는 전인적 관계를 형성할 수 있도록 요구한다. 창의적 재량활동은 개인의 인격 완성과 자아실현을 통해서 보다 나은 사회, 인격과 인격이 더불어 살아가는 사회 공동체를 건설하는 데 중요한 역할을 한다.

7 창의적 재량활동의 기본 원리

인성에 대한 의미가 다양하기 때문에 창의적 재량활동 또한 다양한 형태로 이루어지고 있다. 이러한 현실에서 창의적 재량활동의 기본 원리는 창의적 재량활동의 방향을 제시해 준다고 할 수 있다. 특히 효과적인 창의적 재량활동은 기본 원리를 토대로 체계적이고 계획적으로 이루어져야 한다. 창의적 재량활동의 기본 원리는 다음과 같다.

1) 가정, 학교, 사회가 함께해야 한다

창의적 재량활동은 학교에서만 이루어지는 것이 아니라 생활의 장 전체에서 이루어져야 한다. 학생이 생활하는 곳에는 학교만이 아니라 가정과 사회도 포함되기 때문에 이들 가정, 학교, 사회는 서로 협력하여야 한다. 가정, 학교, 사회는 학생의 인성에 영향을 주므로 창의적 재량활동을 위한 공동 책임이 있다. 따라서 모든 영역에서 상호 협력적인 관계를 맺고 창의적 재량활동을 진행해야 한다.

2) 통합적으로 한다

창의적 재량활동은 학교교육의 어느 한 부분에만 해당되는 것이 아니라 학교의 전체 활동과 관련하기 때문에 통합적 접근이 요구된다. 따라서 교과 교육, 생활지도, 특별활동, 학교 및 학급 운영 등 학교 생활 전 영역을 통해 창의적 재량활동이 이루어져야 한다.

3) 관계 속에서 이루어진다

창의적 재량활동은 인간관계에서 이루어지는 교육으로, 학생과 교사 간, 학생과 학생 간, 학생과 학부모 간에 인간적 만남을 통해 이루어진다. 그러므로 교사와 부모는 학생에게는 모범이 되고 자상한 생활의 안내자가 되어야 하며, 학생의 도덕적인 문제를 함께 고민하고 방향을 이끌어 줄 수 있어야 한다.

4) 계속적으로 해야 한다

창의적 재량활동은 일시적인 학습으로 끝나는 것이 아니라 인생 전반에 걸쳐 이루어져야 한다. 학생들이 어떤 계기로 바람직한 행동을 배우거나, 일시적으로 옳은 행동을 했어도 그것이 습관화되지 못하면 의미가 없다. 따라서 창의적 재량활동은 학생이 인생 전반에 걸쳐 습관화할 수 있도록 지속적, 계획적으로 실천하고 학습해야 한다.

5) 자율적으로 할 수 있어야 한다

창의적 재량활동은 학생이 좋은 인성을 갖추도록 하는 것이다. 결국에는 학생 스스로 자율적으로 행동할 수 있어야 한다. 교육을 받을 때만 변화되고 일상생활에서는 원 상태로 돌아온다면 진정한 변화라고 보기 어렵다. 따라서 학생이 창의적 재량활동을 통해서 스스로 올바른 도덕의식을 갖고 이를 실천해 나가도록 도와주어야 한다. 창의적 재량활동은 학생들의 자율성과 능동성에 기초해야 한다.

6) 체험이 있어야 한다

창의적 재량활동은 행동의 변화를 가져오는 것이 목적이므로 교육으로만 끝나서는 안 된다. 따라서 창의적 재량활동이 도덕적 지식을 획득하는 수준에 그치는 것이 아니라 학생의 가치관 형성에 직접적으로 기여하고, 행동으로 습관화되어야 한다. 행동으로 습관화하기 위해서는 학생들이 직접 느끼고 실천하게 하기 위하여 체험이나 활동 기회를 풍부하게 제공하여야 한다. 그리고 이러한 내용이 학생에게 완전히 내면화되기 위해서는 실생활에서 체험할 수 있어야 한다.

7) 반성이 있어야 한다

반성이란 자신이 한 행동에 대해서 나중에 돌이켜 생각하는 것을 말한다. 학생은 반성의 시간을 통해서 직접 경험한 것을 되돌아보는 과정에서 자신의 행동 변화에 대한 의미와 효과를 이해할 수 있다. 자신의 노력과 변화에 대해서 성취감을 느끼게 되면 바람직한 행동이 습관으로 굳어지게 된다.

반성은 창의적 재량활동에 대해 자신이 직접 경험한 것에 대한 성찰의 시간을 갖게 하며, 다시 실천했을 때 더 큰 긍정적 효과를 얻을 수 있도록 할 것이다.

8 창의적 재량활동의 적용 방법

창의적 재량활동은 가정에서부터 이루어지고, 학교에서는 단편적인 지식 위주가 아닌 실천 중심으로 실행되어야 한다. 그리고 가정과 학교뿐 아니라 사회 공동체가 유기적으로 연

계하여 상호 협력적 관계에서 이루어져야 한다. 어느 한곳에서만 효과적이고 체계적으로 이루어진다고 창의적 재량활동의 효과가 나타나는 것이 아니다. 가정, 학교, 사회공동체가 하나가 되어 체계적으로 이루어져야 한다.

1) 실천 위주가 되어야 한다

창의적 재량활동은 마음만 바꾸는 것이 아니다. 실천하고 행동하게 하는 것이 중요하다. 따라서 이론적 지식 위주로 이루어져서는 안 되고 구체적으로 실천할 수 있는 것이어야 한다. 따라서 현대사회에서 기본적으로 필요로 하는 규칙적인 생활, 정리정돈, 위생, 절약 등의 기본생활 등에 관해서 실천 위주의 교육으로 습관화할 수 있도록 지도해야 한다. 기본 생활습관에 관한 '나의 다짐' 혹은 '우리들의 약속' 등과 같은 실천 점검표를 만들어 가정과 학교에서 종합적인 생활지침이 될 수 있도록 한다.

2) 체험 중심으로 한다

인성이란 개인적인 사고로 형성되는 것이 아니라 타인과의 관계 속에서 다양한 경험을 통해 형성된다. 따라서 다양한 경험을 필요로 하기 때문에 획일성, 기계적 학습, 교사 주도의 교육, 타율적·통제식 훈련, 학습 기회의 불평등성을 지양하고, 직접적으로 경험할 수 있는 체험 중심 지도를 해야 한다.

3) 내면화시켜야 한다

창의적 재량활동은 지식 습득이 중요한 것이 아니라 내면화가 중요하다. 이는 창의적 재량활동에서 명상시간, 3분 묵상치료, 봉사활동 등을 통해 이루어질 수 있다.

4) 자율성을 주어야 한다

창의적 재량활동은 스스로 판단하고, 올바른 행동을 할 수 있는 사람을 양성하는 데 목적이 있다. 따라서 창의적 재량활동은 자율성을 바탕으로 하며 또한 학생들의 자율성을 높이는 방향으로 이루어져야 한다. 자율성을 바탕으로 하는 활동에는 친교활동이나 학급행사, 소풍, 교내 체육대회, 학예발표회, 불우이웃돕기 등이 있다.

5) 소집단 활동을 한다

소집단 활동은 학생들에게 협동심을 길러 주며, 참여율을 높이는 데 도움이 된다. 소집단 활동은 전체 교육보다 학생 개인이 능동적으로 참여할 수 있는 기회를 주고, 성취감을 심어 줄 수 있다. 소집단 활동으로는 긍정적 자아개념 형성, 대인관계 형성, 자기주장 훈련, 불우 이웃돕기, 소집단 발표학습, 친교 활동 및 상담 활동 등이 있다.

9 영역별 시간 운영

- 영역에 따라 1학년은 60시간 이상, 2~6학년은 68시간 이상 확보한다.
- 40분 단위를 기본으로 하되, 연속, 전일, 분산 등을 통해 다양하게 운영한다.
- 전일제의 경우 4~6시간을 배정한다.
- 주5일 수업제에 따른 수업시수 감축은 3~6학년에서 주당 1시간을 감축하되, 학교 자율로 교과에서 감축한다.
- 영역에 따른 학년별 시간 운영을 예시하면 다음과 같다.

영역에 따른 학년별 시간 운영

영역	초등학교 학년별 시간 운영						중학교 학년별 시간 운영			고등학교 학년별 시간 운영		
	1학년	2학년	3학년	4학년	5학년	6학년	1학년	2학년	3학년	1학년	2학년	3학년
인성 지도	5	5	5	5	5	5	5	5	5	5	5	5
기본생활습관	5	5	5	5	5	5	5	5	5	5	5	5
도덕성	5	5	5	5	5	5	5	5	5	5	5	5
공동체 의식	4	4	4	4	4	4	4	4	4	4	4	4
환경 교육	4	4	4	4	4	4	4	4	4	4	4	4
경제 교육	5	5	5	5	5	5	5	5	5	5	5	5
건강안전 교육	6	6	6	6	6	6	6	6	6	6	6	6
계	34	34	34	34	34	34	34	34	34	34	34	34

활동 1 · 창의적 재량활동 이해하기

학생들이 창의적 재량활동을 이해하도록 하기 위한 활동이다. 이 활동을 통해서 학생들이 창의적 재량활동의 중요성과 필요성을 인식하도록 지도한다.

창의적 재량활동에 관해서 생각하면서 답해 봅시다.

창의적 재량활동의 개념	자기주도적 학습 능력과 창의력을 신장하기 위하여 지역 특성, 학교 실정, 학습의 필요와 요구를 반영하여 학교의 독특한 문화에 맞게 운영할 수 있는 교육과정
창의적 재량활동의 목적	— 학생들의 다양한 요구, 흥미, 적성의 수용 — 학교교육에 대한 사회적 수용 — 학교의 독특한 문화 풍토에 따른 학교재량권 발휘
창의적 재량활동에서 배우고 싶은 영역과 세부 분야는?	인성 지도 — 자아정체감 형성
	기본생활습관 — 시간관리
	공동체 의식 — 협동심
창의적 재량활동에서 앞으로 나의 다짐	열심히 하겠다

MEMO

제 2 장

인성 지도

인성 지도		
세부 내용	• 인성에 대한 개념 이해하기 • 인성을 형성하는 방법 알기	
목표	• 인성의 개념을 알 수 있다. • 인성의 필요성을 설명할 수 있다. • 인성을 기를 수 있다.	

	단계	교수 · 학습 활동	자료

1	**도입단계**	• 인성 지도에 대한 동기유발
		  −인성이라는 단어를 듣고 떠오르는 생각 나누기
		  −인성의 개념 알아보기	

2	**전개단계**	• 인성 교육의 개념 • 인성 교육의 영역 • 자아 확립	검사지 활동지

3	**정리단계**	• 학습 소감 발표
		  −앞으로 인성을 높이기 위해 할 수 있는 방법 발표하기
		  −활용 계획 이야기하기	

1 인성 교육의 개념

사전적으로 인성은 인간의 성품을 가리킨다. 성품은 사람의 성질과 품격을 의미한다. 사람의 성질은 마음의 바탕을 이루며, 인간의 마음은 흔히 지적인 요소, 정의적 요소, 행위적 요소로 구성된다. 품격은 사람됨을 뜻한다. 사람 됨됨이가 되었다는 것은 일정한 기준에 도달했음을 의미한다.

인성은 사람마다 달라서 내향적인 사람이 있는가 하면 외향적인 사람이 있고, 도덕적인 사람이 있는가 하면 비도덕적인 사람도 있다. 어떤 인성을 가진 사람은 타인에게 불쾌감과 긴장, 갈등을 느끼게 하지만 어떤 인성을 가진 사람은 남에게 편안함과 신뢰를 느끼도록 한다. 바르고 적응적 인성을 지닌 사람은 타인과의 관계에서도 긍정적인 효과를 나타내고, 자신의 삶을 영위하는 데도 매우 긍정적이다. 이처럼 인성이란 포괄적인 개념으로, 이에 포함되는 심리적 특성은 성격, 기질, 인격 등으로 주로 정서, 가치지향과 같은 정의적 측면과 연관되어 있으며 인간 교육이나 인격 교육과 맥락을 같이한다.

인성 교육이란 인간의 성격, 사고, 신념, 가치, 태도, 감정, 자세를 포함한 전인격적 품성을 함양하는 교육을 말한다. 인성 교육은 마음의 바탕과 사람 됨됨이를 훈육하는 것으로 인간의 행동 규범과 가치관 정립에 주 요인이 되는 감성과 이성을 동시에 계발하여 긍정적인 태도를 갖게 함으로써 바람직한 사회인으로 성장시키는 전인 교육이라고 할 수 있다. 교육부에서는 인성 교육을 도덕심, 사회성, 정서를 포함한 바람직한 인간으로서의 성품을 기르는 교육으로 정의한다.

인성 교육은 인간 교육, 인격 교육, 덕성 교육과 비슷한 의미로 사용하지만 인간 교육은 덕성과 능력을 신장시키는 교육인 데 비해 인성 교육은 주로 덕성 함양에 중점을 두고 있다. 그러나 인간 교육 역시 지·덕·체가 겸비된 조화로운 인간 양성이라는 점에서 인성 교육과 큰 차이가 없다.

인성 교육이란 마음의 구성 요소인 지, 정, 의를 교육하는 것이고, 사람 됨됨이를 교육한다는 것은 인간으로서 바람직하고 보편타당한 가치를 추구하며 그 가치를 완성할 수 있도록 교육하는 것이다. 인성 교육을 통해 성숙한 인성을 가진 사람이 많은 사회가 될수록 바람직하고 발전 가능성이 많으므로 인성 교육은 매우 중요하다.

2 인성 교육의 영역

　인성 교육의 목표는 덕성, 능력, 교양을 겸비한 인간을 육성하는 것이다. 인성 교육의 영역을 정확하게 분류하기는 쉽지 않으나 일반적으로 자아 확립, 기본생활습관, 도덕성(효도, 경애), 공동체 의식 등의 4가지 영역으로 나눌 수 있다. 그에 따른 구체적인 내용과 구현 활동을 보면 다음과 같다.

중점 지도 영역	내용	구현 활동
자아 확립	• 자아정체감 형성 • 진로 • 긍정적인 생각 • 자기효능감	• 나는 어떤 사람일까요? • 행복한 우리 집 • 즐거운 우리 학교 • 꿈과 희망이 자라나는 우리 교실 • 남들은 나를? • 내가 좋아하는 것과 싫어하는 것은? • 미래의 내 직업과 명함 만들기 • 나도 잘할 수 있어요 • 좋지 않은 습관 고치기 • 내가 생각하는 성공과 도전 • 지난 1년의 좋았던 기억 • 나는 이런 사람이다
기본생활습관	• 규칙적인 생활 • 시간관리 • 정리정돈 • 청소	• 나는 어떤 생활을 할까? • 나의 시간관리 습관은? • 내가 규칙적으로 하고 있는 것은? • 내가 하고 있는 집안 정리정돈은? • 학교 청소 점검표 작성하기
도덕성	• 식사 예절 • 효도 • 초대와 방문 예절 • 인사 예절 • 전화 예절 • 관람 예절 • 대화법	• 나는 식사 예절 전문가 • 점심 뷔페 차리기 • 효행 10훈 만들기 • 효행 점검표 기록하기 • 나의 뿌리를 찾아서 • 편지는 사랑을 싣고 • 초대와 방문 예절 익히기 • 나는 인사의 달인 • 갑자기 전화가 왔어요 • 나는 배려할 줄 알아요 • 선생님 감사합니다

공동체 의식	• 협동심 • 준법정신 • 공중도덕 • 질서 • 봉사활동 • 다문화 가정	• 하나 되기 위한 학급활동 • 탑 쌓기 • 두레 신문 만들기 • 협동 모자이크 만들기 • 두레 체육대회 • 두레 일기 • 모의재판 • 비품에 이름표 달기 • 무인판매대 운영 • 나의 공중도덕지수는? • 질서 점검표 작성하기 • 질서와 공중도덕 지키기 • 나의 봉사활동 • 다문화 가정의 자녀를 보면? • 다른 나라 국기 그리기

3 자아 확립

1) 자아 확립의 정의

꿈이 없는 학생들은 대개 자아 확립이 늦은 편이다. 자아 확립은 자신의 성격, 취향, 가치관, 능력, 관심, 인간관, 세계관, 미래관 등에 대해 지속적으로 인식하고 있는 상태를 말한다. 한마디로 자아 확립은 내가 누구인지를 깨닫고 내가 무엇을 좋아하는지, 싫어하는지에 대한 판단을 오랫동안 유지하는 것이다.

에릭슨은 자아 확립을 자아발달의 최종 단계의 발전이라고 정의하였다. 에릭슨이 말하는 이 시기는 12~18세의 청소년기로, 급격한 생리적·신체적·지적 변화를 경험하면서 자신이 누구이며, 가정과 사회에서의 역할이 무엇인지에 대해 알고자 한다. 또한 타인의 눈에 비친 자신이 누구인가에 대하여 지대한 관심을 갖는다.

내가 누구인지를 깨달아야 세상에서 자신의 역할을 찾아 살 수 있다. 즉, 자아 확립이 형성되어 있어야 자신의 역할을 찾아 꿈을 가질 수 있는 것이다. 따라서 자아 확립이 제대로 형성되어 있지 않다면 역할 혼란이 초래되어 자기가 인생을 어떻게 살아야 하는지를 모를 뿐더러 꿈을 갖기가 힘들다.

자아 확립이 있고 없고는 이처럼 인생을 행복하게 사는 기준이 되기도 하고, 불행한 삶을 살게 하기도 한다. 따라서 초등학교 고학년으로 갈수록 뚜렷한 자아 확립이 중요하다.

2) 자아 확립의 필요성

성공한 사람들의 자아 확립은 통상적으로 초등학교 시절에 형성된 경우가 많다. 이는 초등학교 고학년이 되면 추상적 사고가 가능해지고, 본격적인 청소년기에는 막연한 꿈에서 벗어나 구체적인 꿈을 가져야 하기 때문이다. 자아 확립을 이루어야 중학교에서 무엇을 해야 하는지 알게 되고, 이를 바탕으로 고등학교에서 인문계로 갈 것인지 전문계로 갈 것인지 선택하며, 인문계에서도 이과로 갈 것인지 문과로 갈 것인지 결정하게 된다. 이는 대학의 학과를 선택하게 하고, 이에 따라 직업도 결정될 가능성이 크다.

그러나 자아 확립을 제대로 하지 못하면 학교를 다녀야 하는 이유를 잘 모를 뿐 아니라 성적에 맞추어 대학과 학과를 선택하게 되고, 직업도 전공과는 무관한 일을 선택할 가능성이 높다. 결국에는 나이를 먹고 나서야 자신이 선택한 것에 대해서 후회하는 사람이 많다. 자아 확립을 하지 못하면 준비되지 않은 상태에서 성인의 역할을 수행해야 하는 불행을 경험하게 된다.

예를 들면, 초등학교 고학년이 되면서 자신의 자아가 뚜렷하게 형성되어 존경받는 삶을 살아야겠다는 생각을 하고 이를 바탕으로 의사가 되어야겠다는 목표를 세웠다고 하자. 이를 위해서 중학교 때 공부를 열심히 해야겠다고 생각하고, 고등학교에서는 인문계 이과를 가서 의대로 진학한 후에는 의사가 되어 원하는 인생을 산다. 반대로 자아 확립이 뚜렷하게 이루어지지 않으면 초등학교에서 막연하게나마 꿈을 가졌더라도 중학교에 진학하면서부터 꿈을 잃고 어영부영 중·고등학교 시절을 보낸다. 대학은 대충 성적에 맞추어 진학하다 보니 직업을 찾기가 어려운 인생이 될 위험성이 있다.

3) 자아 확립 방법

자아 확립을 이루기 위해서는 자신에 대해서 정확히 아는 것이 중요하다. 자아 확립은 누군가의 가르침에 의해서도 이루어지지만 무엇보다 가장 바람직한 것은 스스로 깨우치는 방법이다. 자신의 자아 확립은 다음과 같은 활동을 하는 훈련을 통해서 이룰 수 있다. 활동의 정답은 없으므로 학생들에게 부담을 주지 말고 솔직하게 작성하도록 한다. 학생들이 작성한 활동은 수업 정리단계에 발표하여 서로 다른 학생들에 대해서 배울 수 있도록 한다.

활동 2 | **나는 어떤 사람일까?**

학생들의 자아 확립을 이루기 위하여 자신이 어떤 사람인가를 알게 하려는 활동이다. 학생들이 자신이 어떤 사람인가를 생각하면서 작성하도록 지도한다.

다음 질문에 답해 봅시다.

1 한자 이름   任婷娥

2 한자 이름의 뜻   예쁘다

3 이름은 누가 지어 주었나요?   어머니

4 별명   쩡

5 혈액형   O형

6 나의 취미는   독서

7 좋아하는 음식   삼겹살

8 나의 장점은   긍정적이고 적극적이다

9 기분이 좋을 때는   칭찬 받았을 때, 원하는 일을 해냈을 때

10 좋아하는 사람   긍정적이고 꿈과 목표가 뚜렷한 사람

11 좋아하는 색깔   흰색, 검정색

12 나의 성격은   차분하지만 적극적이다

13 나를 동물로 생각한다면   원숭이

활동 3 | 행복한 우리 집

✎ 학생들이 자신의 정체성을 깨닫고, 가정의 소중함을 느끼게 하기 위한 활동이다. 학생들이 가정의 소중함을 생각하면서 작성하도록 지도한다.

1 우리 집으로 가는 길

- 주소: 서울시 광덕구 진진동 동아 아파트 ○○○호
- 전화번호: ○○○-○○○-○○○○
- 우리 집으로 가요~~!! (약도)

2 우리 가족의 장점

관계	이름	생일(양 · 음)	나이	장점
부	임○○	1.14	44	사교적인 성격을 가지고 계시다.
모	김○○	11.20	42	활발하고 주관이 뚜렷하시다.
형	임○○	6.6	18	성실하고 차분하다.
형	임○○	5.8	17	활동적이고 적극적이다.

3 우리 집의 가훈

도전하자!

활동 4 ┃ 즐거운 우리 학교

학생들이 자신이 다니는 학교에 대해 중요성을 깨닫고, 학교의 소중함을 느끼게 하기 위한 활동이다. 학생들이 자신이 다니는 학교에 대한 애정을 가지고 작성하도록 지도한다.

① 교훈: 창의적인 사고를 하자

② 우리 학교 상징
- 교목: 소나무
- 교화: 목련

③ 우리 학교 선생님

교장선생님	교감선생님		나의 담임선생님
			1학년(이○○)　　2학년(이○○) 3학년(조○○)　　4학년(이○○) 5학년(차○○)　　6학년(김○○)

④ 학교 찾아가는 길
- 주소: 대전시 대덕구 신탄진동 220번지
- 우편번호: 300-260
- 전화번호: 교장실(239-2520), 기획실(239-2530), 서무실(239-2500), 급식실(239-2580)

⑤ 우리 학교의 역사 이야기
- 개교일자: 1980년 5월 5일
- 졸업생: (30)회 졸업, (6,000)명
- 우리 학교 자랑하기

우리 학교는 자상하신 부모님처럼 우리들을 사랑하고 아껴 주시는 선생님들이 계시고, 아름다운 자연환경에 둘러싸여 즐겁게 공부할 수 있는 곳입니다. 매주 열리는 개인 창작활동 시간은 누구나 참여할 수 있고 언제나 기다려지는 시간입니다. 이로써 학생들이 주도해 가는 학교, 즐겁게 활동할 수 있는 학교입니다.

활동 5 **꿈과 희망이 자라나는 우리 교실**

✎ 학생들이 자신이 소속되어 있는 학급에 대해 중요성을 깨닫고, 학급의 소중함을 느끼게 하기 위한 활동이다. 학생들이 자신의 학급에 대한 애정과 자긍심을 가지고 작성하도록 지도한다.

1️⃣ 우리 선생님의 모습
- 이름: 이연희
- 주소: 서울시 광구 탄동 220
- 연락처: ○○○-○○○-○○○
- 특징: 차분하시고 예쁘시다.

2️⃣ 사랑하는 나의 친구들

이름	주소	전화번호	특징
오○○	서울시 광구 탄동 220	345-2626	귀엽고 차분하다.
김○○	서울시 광구 탄동 221	345-5698	활발하고 적극적이다.
이○○	서울시 광구 탄동 222	325-5689	공부를 잘하고 성실하다
고○○	서울시 광구 탄동 223	369-1524	노래를 잘 부르고 활발하다.

3️⃣ 우리 반을 다른 반 친구들에게 자랑해 봅시다.

우리 반 친구들은 모두 착하고 성실합니다. 특히 자율학습시간이 되면 떠들지 않고 스스로 공부하며, 예의도 바르고 친구 간에 싸움도 없습니다.

4️⃣ 나는 우리 반에서 이런 사람이 되고 싶습니다.

나는 우리 반에서 보다 진취적이고 적극적인 사람이 되고 싶습니다. 목표를 가지고 꼭 그렇게 되어 친구들 사이에서도 인기가 많은 리더 역할을 하고 싶습니다.

학생들이 가지고 있는 자신에 대한 생각과 다른 사람들의 생각과의 차이를 깨닫고, 자신이 어떻게 살아야 하는지 느끼게 하기 위한 활동이다. 학생들이 주위 사람들에게 좋은 사람이 되려는 생각을 가지고 작성하도록 지도한다.

다음 빈칸에 적절한 내용을 적어 봅시다.

① 친구들은 나를 <u>활발</u> 하다고 생각한다.

　　이유는 <u>나는 모든 활동에서 적극적이기 때문이다.</u>

② 부모님은 나를 <u>특별</u> 하다고 생각한다.

　　이유는 <u>내가 하는 모든 일들을 잘 해결해 나가기 때문이다.</u>

③ 선생님은 나를 <u>성실</u> 하다고 생각한다.

　　이유는 <u>학급에서 맡은 일에 최선을 다하기 때문이다.</u>

④ 친척들은 나를 <u>부지런</u> 하다고 생각한다.

　　이유는 <u>학교에서나 가정에서나 바쁘게 활동하기 때문이다.</u>

⑤ 형제들은 나를 <u>대단</u> 하다고 생각한다.

　　이유는 <u>학교에서도 공부를 잘하고 매사에 성실하기 때문이다.</u>

활동 7 | 내가 좋아하는 것과 싫어하는 것은?

✎ 학생들이 자신이 좋아하는 것과 싫어하는 것, 하고 싶은 일과 하기 싫은 일을 정확히 구분할 수 있는 가치관을 기르기 위해서 하는 활동이다. 학생들이 〈보기〉에 있는 단어 중에서 좋아하는 것과 싫어하는 것, 하고 싶은 일과 하기 싫은 일을 선택해서 쓰게 하고 그 이유를 작성하도록 지도한다.

내가 좋아하는 것과 싫어하는 것에 대해 적어 봅시다.

구분	단어	이유
내가 좋아하는 것	독서하는 것	지식과 경험이 쌓이는 것 같기 때문이다.
내가 싫어하는 것	쇼핑하기	시간이 아깝기 때문이다.
내가 하고 싶은 것	여행가기	여러 곳을 다니면서 많이 배우고 싶기 때문이다.
내가 하고 싶지 않은 것	싸움	다투는 것이 싫기 때문이다.

보기				
공부하기	수학 문제 풀기	발표하기	운동하기	수집하기
컴퓨터 게임하기	퍼즐 맞추기	과학 실험하기	만화 그리기	미용실 놀이
요리하기	책상 및 방 정리하기	친구 고민 들어 주기	공연 보기	동물 돌보기
악기 연주하기	인형옷 만들기	TV 시청하기	봉사활동 하기	질문하기
종이접기	남들 앞에서 말하기	편지쓰기	여행 가기	그림 그리기
프라모델 조립하기	다이어리 꾸미기	노래 부르기	춤추기	상상하기
글쓰기 (동화, 시)	외국어 공부	식물 기르기	쇼핑하기	노래 듣기
친구들 즐겁게 해 주기	남들 앞에서 말하기	발명하기	뜨개질, 십자수, 비즈공예 등	일기 쓰기
사람들과 이야기하기	연예인 따라하기	책 읽기	선생님 역할하기	계획 짜기
맛있는 음식 먹기	잠자기	용돈 쓰기	심부름하기	남 도와주기
상상하기	남 욕하기	칭찬하기	싸움	웃기
멋내기	차 타기	칭찬 듣기	짜증내기	울기
목욕하기	이성 친구 사귀기	수영하기	저축하기	고향 가기
고장난 물건 고치기	관찰 및 보고서 작성하기	사람 이름 기억하기	역사적인 사건 기억하기	새로운 일에 도전하기
노트 정리하기	문제 스스로 해결하기	〔 〕	〔 〕	〔 〕

활동 8 | 미래의 내 직업과 명함 만들기

학생들이 자신의 미래의 직업을 적고 그에 따라 무슨 일을 하고 있을까를 상상해서 그림으로 그리도록 지도한다. 그리고 꿈을 이룬 후 직업에 맞는 명함을 만들도록 한다. 명함에는 회사 로고 등 원하는 내용을 넣을 수 있다.

1 미래 직업 상상하기

미래의 직업	무슨 일을 하고 있을까?
의사	아픈 사람들을 치료해 주는 일

2 명함 만들기

이름: 임○○

직업: 의사

내가 하는 일이 남에게 주는 도움: 아픈 몸과 마음을 치료한다.

나를 홍보하는 한마디: 나를 사랑하는 마음으로 몸과 마음을 지켜 드립니다.

활동 9 | 나도 잘할 수 있어요

학생들이 자신의 일상생활 중에서 스스로 할 수 있는 일이 무엇인가를 평가하는 활동이다. 학생이 각 문항에 대하여 자신의 솔직한 현재 상태를 평가하게 하고 그에 따라 앞으로의 다짐을 적도록 지도한다.

일상생활에서 나의 역할 행동 내용을 평가하고 다짐을 적어 봅시다.

나의 역할 행동	나의 평가				다짐
	모범적	잘함	보통	노력 필요	
1. 부모님을 도와드렸는가?	○				더 많이 도와 드리겠다.
2. 내 스스로 과제를 해결하는가?		○			스스로 공부해야겠다.
3. 준비물은 챙겼는가?		○			전날 미리 준비물을 챙겨야겠다.
4. 매일 독서를 하는가?	○				매일 10쪽씩 책을 읽어야겠다.
5. 이부자리를 스스로 개는가?	○				일어난 후 이부자리는 항상 내가 개야겠다.
6. 아침 청소를 꼭 하는가?		○			아침에 일어나서 내방은 내가 정리하고 청소한다.
7. 질서를 잘 지키는가?	○				차례대로 순서를 지켜야겠다.
8. 규칙적으로 운동을 하는가?			○		일주일에 3일은 줄넘기를 해야겠다.
9. 매일 예습을 하는가?		○			전날 미리 책을 읽어 보고 가야겠다.
10. 매일 복습을 하는가?	○				그날 배운 것은 반드시 익히도록 한다.

활동 10 | 좋지 않은 습관 고치기

학생 스스로 자신의 좋지 않은 습관을 적고 그에 대한 해결 방법을 적는 활동이다. 학생들이 이 활동을 통해 좋지 않은 습관을 고치도록 지도한다.

나의 좋지 않은 습관을 순서대로 적고 해결 방법을 적어 봅시다.

순서	나의 좋지 않은 습관	해결 방법
1	손톱을 물어뜯는다.	긴장하면 그런 행동이 나오기 때문에 긴장감을 완화시키는 방법을 활용한다.
2	인사를 먼저 하지 않는다.	마주친 사람에게 먼저 인사한다.
3	공부할 때 딴생각을 한다.	계획을 세워 공부하고, 잠깐씩 쉬는 시간을 갖도록 한다.
4	아침에 늦게 일어난다.	너무 늦게 자지 않도록 하고 계획을 세워 규칙적인 생활을 한다.
5	아침 식사를 거른다.	조금씩이라도 아침을 꼭 먹도록 한다.

제시된 성공, 실패, 도전, 포기, 인내, 나약이라는 단어를 보고 떠오르는 자신의 생각을 글이나 그림으로 나타내는 활동이다. 학생들이 이 활동을 통해서 성공의 의미를 정의해 보고 실패를 딛고 성공을 향해서 도전하도록 지도한다.

다음에 제시된 단어를 보고 그에 관한 생각을 글이나 그림으로 표현해 봅시다.

성공	실패
계획했던 일들을 이루었을 때	하고자 했으나 제대로 하지 못했을 때

도전	포기
어렵지만 한번 해 보겠다고 마음먹은 것	조금 어렵다하여 그냥 놓아 버린 것

인내	나약
힘들지만 끝까지 포기하지 않은 것	중간중간 다른 학생들과 비교하여 안 된다고 생각하고 포기하려 할 때의 마음가짐

활동 12 **지난 1년의 좋았던 기억**

지난 1년 동안 학교나 집에서 좋았던 기억이나 경험을 떠올리면서 자아효능감을 높이기 위한 활동이다. 이 활동을 통해서 삶에 대한 긍정적인 생각을 가지도록 지도한다.

지난 1년 동안의 좋았던 기억을 정리해 봅시다.

	학교에서의 좋은 기억	집에서의 좋은 기억
겨울방학	친구들과 눈싸움 한 것	크리스마스 장식을 하면서 즐겁게 파티를 한 것
1학기	처음 사귀었던 친구들과 친하게 지낸 것	친구들과 함께 집에서 공부한 것
여름방학	반 친구들과 함께 캠프간 것	여행 갔던 것
2학기	친구들과 함께 운동한 것	나만의 공부방이 생긴 것
나에게 있었던 좋은 일은?		**우리 가족에게 있었던 좋은 일은?**
친한 친구들과 함께 캠프를 가서 1박을 했다. 친구들과 함께 했던 시간들이 너무나 즐거웠고 좋은 경험이 되었다.		가족과 함께 여행을 다녀왔다. 가족의 소중함을 느낄 수 있었고, 부모님의 사랑을 깨닫는 좋은 기회가 되었다.

활동 13 | 나는 이런 사람이다

자기효능감을 높이기 위하여 스스로 다짐하는 글을 써 보는 활동이다. 학생들이 예처럼 자신감이 넘치는 글을 적어 보도록 지도한다. 지금은 그렇지 않더라도 목표를 적고 매일 하루에 한 번씩 소리 내어 읽게 한다. 특히 자신감을 잃었을 때는 하루에 5번씩 소리 내어 읽게 한다.

예를 참고하여 빈칸에 자신이 원하는 모습을 적고 목표로 삼아 봅시다.

> 예 나는 지구상에 단 하나뿐인 존재다.

1 나는 분명히 _꿈을 이룰 것이다._

2 나는 우리 집에서 _특별한 존재다._

3 나는 우리 반에서 _인기가 많다._

4 나는 내 친구 중에서 _가장 키가 크다._

5 나는 공부를 _열심히 한다._

6 나는 어떤 일이 있어도 _최선을 다할 것이다._

7 나는 한 번 시작한 일은 _끝까지 해낸다._

8 나는 나중에 성공해서 _꼭 꿈을 이룰 것이다._

9 나의 능력은 _무한대다._

인성 검사

여러분 자신에 대한 믿음과 자신감에 대해 묻는 질문입니다. 솔직하게 대답해 주기 바랍니다. 해당 문항이 맞으면 '예'에, 해당 문항이 맞지 않으면 '아니요'에 체크해 주세요.

	나의 인성은 어느 정도일까요?	예	아니요
1	나는 내가 왜 사는지 알고 있다.		
2	나는 정확한 꿈을 가지고 있다.		
3	나는 모든 일을 긍정적으로 생각한다.		
4	나는 나의 미래에 대하여 꿈과 희망을 갖고 있다.		
5	나의 몸은 건강하다.		
6	나는 예절 바른 사람이다.		
7	나는 정한 목표는 꼭 달성한다.		
8	나는 모든 일을 스스로 처리할 수 있다.		
9	나는 어떤 일이 있어도 포기하지 않는다.		
10	나는 남 앞에 서는 것이 자신 있다.		
	'예'에 답한 총 개수 ( )개		

'예'가 체크된 문항에 따라

• 8~10개: A 유형-인성이 아주 좋군요.
• 4~7개: B 유형-인성이 조금 좋은 편이네요.
• 0~3개: C 유형-인성을 기르기 위해 노력하세요.

[A 유형]
인성이 좋은 학생으로 모든 일에 대해 긍정적 사고를 가지고 있으며, 목표가 뚜렷하여 좋은 결과를 낳을 수 있다.

[B 유형]
인성이 좋은 학생이다. '아니요'에 체크한 부분을 주로 보충 지도한다.

[C 유형]
인성이 상당히 떨어지는 학생이다. 인성을 높이는 방법을 집중적으로 지도한다.

제 3 장

기본생활습관

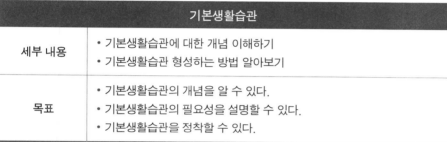

기본생활습관			
세부 내용	• 기본생활습관에 대한 개념 이해하기 • 기본생활습관 형성하는 방법 알아보기		
목표	• 기본생활습관의 개념을 알 수 있다. • 기본생활습관의 필요성을 설명할 수 있다. • 기본생활습관을 정착할 수 있다.		
	단계	교수 · 학습 활동	자료
1	도입단계	• 기본생활습관 조성을 위한 동기유발 　－기본생활습관이라는 단어를 듣고 떠오르는 생각 말해 　　보기 　－기본생활습관 알아보기	
2	전개단계	• 기본생활습관 • 시간관리 • 정리정돈	검사지 활동지
3	정리단계	• 학습 소감 발표 　－앞으로 기본생활습관을 높이기 위해 할 수 있는 방법에 　　대해 발표하기 　－활용 계획 이야기하기	

1 기본생활습관

　기본생활습관은 학생들이 기본생활과 안전생활을 습관화하여 건강하고 안전한 생활습관을 기르고 민주시민으로서의 기본 소양을 기르는 데 그 목적이 있다. 따라서 기본생활습관 교육을 통해서 학생들에게 규칙적인 생활습관, 정리정돈, 청결, 위생, 절약과 같은 자세를 지속적으로 유지할 수 있도록 지도한다.

학생들의 기본생활습관을 형성하기 위한 활동이다. 학생들이 이 활동을 통해서 자신이 어떤 생활을 하고 있는가를 생각하면서 앞으로 어떻게 하면 좋은지 작성하도록 지도한다.

1 하루 중 좋아하는 시간대

아침 시간

2 나의 가장 좋은 습관

아침에 일어나 책 읽는 습관

3 내가 기분이 좋을 때

칭찬 받았을 때

4 혼자 있을 때 자주 하는 일

책 읽기, 인터넷 보기

5 가족들과 자주 하는 일

식사하기, 대화하기

6 나의 하루 수면 시간

5시간

7 나의 하루 공부 시간

14시간

8 하루 집안일을 돕는 횟수

2회

2 시간관리

성공하고자 하는 사람들은 평소에 시간관리를 열심히 한다. 대부분의 공부 잘하는 학생들을 살펴보면 결국은 시간관리에서 성공한 셈이다. 그들은 시간의 중요성을 깨닫고 많은 시간을 공부에 할애함으로써 성공하였다. 시간관리 전략이란 자신에게 주어진 시간을 분석하여 쓸모없는 곳에 시간을 낭비하지 않으며, 시간 사용 습관에서도 최소한의 시간에 최대한의 효과를 얻기 위하여 노력한다. 바쁜 중에도 자투리 시간을 모아서 자신의 성공을 위하여 투자하였다.

시간이란 지나가면 다시는 돌아오지 않으므로 항상 신중히 생각하여 행동해야 한다. 우리는 시간의 중요성에 대한 금언을 주변에서도 흔히 접할 수 있다. "시간은 금이다." "하루 5분이면 인생이 바뀐다." "하루하루를 마지막 날인 듯 보내야 한다." "세월은 화살과 같이 지나간다." 등은 모두 순간순간을 의미 있게 보내라는 말이다.

이처럼 시간이 소중한 것은 그것이 우리 인생에서 가장 가치 있는 자산 중 하나이기 때문이다. 이렇게 소중한 자산인 시간을 최대로 활용하기 위해 시간관리를 해야 한다.

"누구나 실패하기 위해 계획을 세우진 않지만, 실패하는 사람들은 단지 계획을 세우는 데 실패하기 때문이다."라는 말이 있다. 결국 계획을 세우지 않기 때문에 실패한다는 것이다. 따라서 시간관리를 잘하기 위해서는 시간 사용 계획을 잘 세워야 한다. 일을 계획적으로 실천하기 위해서는 시간 사용 계획을 확실히 세우는 것이 무엇보다 중요하다.

일 년 시간 사용 계획표는 새로운 한해를 시작하는 데 매우 유용한 도구다. 시작할 때 무슨 일에 집중해야 하는지를 결정할 수 있게 해 주기 때문이다. 새해가 시작되면서 결심을 했지만 어디서부터 손대야 할지 몰라 막막하던 기분을 떨쳐 버리게 해 줄 것이다. 일 년이 너무 길다면 한 달, 한 달이 길다면 일주일, 일주일이 길다면 하루의 시간 사용 계획표를 만들어 보자. 그러면 하루가 다르게 보인다. 당신의 성공 정의가 무엇이든 당신이 성공하도록 도와줄 것이다.

학생들의 기본생활습관을 형성하기 위하여 자신이 시간을 어떻게 사용하는지를 깨닫게 하기 위한 활동이다. 학생들이 이 활동을 통해서 자신의 시간 사용 습관을 점검하면서 앞으로 어떻게 시간을 사용하면 좋을지 작성하도록 지도한다.

① 시간 활용을 10배 늘려 주는 마법사

2 급하지만 중요하지 않은 일	중요하고도 급한 일 1
메일 확인하기	과제물 하기
4 급하지도 중요하지도 않은 일	중요하지만 급하지 않은 일 3
문자 보내기	독서하기

② 나의 시간 활용 상황 점검

잘하고 있는 점	고쳐야 할 점
아침에 일어나 계획성 있게 공부한다.	구체적인 계획을 세워서 효율적으로 공부해야겠다.

③ 나의 시간 도둑

내부 요인	외부 요인
정리되지 않은 책상 급하지 않은 할 일들 급하지 않은 핸드폰 문자 사용	학원 가기 위해 이동하는 거리 친구들과의 수다

3 정리정돈

　뉴햄프셔 대학교 연구원으로 재직하고 있는 택케트 박사는 현대인의 스트레스를 연구하던 중 일상에서 반복되는 정리정돈으로 인한 심리적 부담감이 스트레스로 연결된다는 점에 착안하여 『정리형 인간』이라는 책을 썼다. 이 책은 정리형 인간이 되면 쫓기는 인생에서 탈출할 수 있을 뿐 아니라 집중력이 높아지고, 안정되고 여유 있는 생활을 할 수 있다고 소개하고 있다.

　실제로 똑같은 작업을 가지고 깨끗한 곳에서 한 사람들과 지저분한 곳에서 한 사람들의 생산량을 비교해 보았더니 깨끗한 곳에서 일한 사람들의 생산성이 1.5배가량 높았다고 한다. 처음에는 주변 정리를 하지 않기 때문에 주변 정리를 하고 나서 공부하는 사람들보다는 빠르게 시작할 수는 있지만, 공부가 시작되면 지저분한 곳에서 공부하는 사람들은 계속 주변 환경에 시선이 가게 되고, 마음이 편하지 않기 때문에 공부에 몰두하기가 어렵다고 한다.

　아무리 지저분한 곳에서 공부해도 자기가 필요한 자료가 어디에 있는지를 정확히 기억하고 있기 때문에 문제가 되지 않는다는 사람도 있다. 그러나 그런 사람은 머릿속에 그 많은 자료들이 어디에 있는지 일일이 기억해야 하기 때문에 당연히 공부에 전념하기가 쉽지 않다. 주변 정리를 하면 집중력이 높아져 공부 시간이 단축된다.

1) 책상 위를 말끔히 치운다

　열정적인 에너지를 가지고 공부에 집중하고 싶고, 그로 인해 성과를 얻어야 하는 일이라면 책상 위를 말끔히 치우는 것부터 시작해야 한다. 그러기 위해서는 웬만한 것은 아까워하지 말고 버릴 줄 알아야 한다. 너무 오래 한곳에 두어서 눈에 익숙하긴 하지만 평소에 절대 사용하지 않는 물건이 많다. 그것을 버리지 못하고 쌓아 두기만 한다면 그만큼 스트레스도 쌓여 가게 되어 오히려 공부에 방해가 된다.

2) 이전에 쓰던 것은 모두 치운다

　새로운 발전을 원하면 새로운 도전을 하듯, 새로운 공부를 시작하면 이전의 공부에서 사용했던 모든 것을 정리할 필요가 있다. 정리정돈을 할 때는 꼭 사용할 물건만 남기겠다는 강한 의지와 함께 박스를 3개 준비한다. 박스에는 쓰레기 박스, 재활용 박스, 보류 박스 등으로 이름을 붙인다.

책상 위를 정리할 때는 물건을 모두 쏟아낸 다음 정리할 물건을 주워 박스에 담는다. 마지막으로 사용한 지 3개월이 넘은 물건이 있다면 앞으로 3개월 동안 역시 사용하지 않을 확률이 높다는 것이 정리정돈의 원칙이다. 과거 3개월 동안 쓰지 않았던 물건 중에서 버려도 될 것은 쓰레기 박스에 넣고, 3개월이 되었어도 버리기 아깝고 재활용이나 다른 용도로 사용할 수 있는 것이라면 재활용 박스에 넣는다. 새로운 업무에 쓰일 수 있거나 다음에 필요할지 모르는 것은 보류 박스에 넣어 둔다.

3) 공부가 끝나면 바로 정리한다

공부를 하면 그에 따라 여러 가지 자료가 생긴다. 교재나 참고서, 노트 등으로 책상은 온통 아수라장이 되기 쉽다. 그때그때 정리하지 않으면 금방 쌓인다. 따라서 일단 한 과목이 끝나면 다음 공부에 필요한 자료를 제외하고는 모두 정리하는 것을 습관화해야 한다.

책상 앞면에는 책꽂이나 임시 보관처를 만들어 일반적인 자료는 책꽂이에 넣어 두고 꼭 필요한 자료는 임시 보관처에 보관하는 것도 좋은 방법이다.

4) 공부방은 청결하게 한다

공부방은 깨끗해야 한다. 먼지가 가득 쌓인 책상은 의욕과 학습능률을 떨어뜨린다. 특히 주위가 산만한 환경에서는 집중하기가 어려우므로 공부와 관련 있는 물건은 제자리에 정돈해 둔다.

활동 16 | 내가 규칙적으로 하고 있는 것은?

✏️ 학생들이 규칙적으로 하고 있는 것을 찾아서 규칙적으로 할 때와 하지 않을 때 느낌의 차이를 적게 하는 활동이다. 이를 통해 학생들이 자신이 하고 있는 규칙적인 일을 앞으로 지속적으로 해야 할지 버려야 할지 결정하도록 지도한다.

다음 표를 작성하면서 내가 규칙적으로 생활하는지 반성해 봅시다.

내가 규칙적으로 하고 있는 것		
잠	공부	세면
식사	등교	심부름
TV 보기	컴퓨터 게임	독서
느낌 쓰고 발표하기		
규칙적으로 할 때 느낌	내가 할 일을 제대로 했다는 뿌듯한 느낌이 든다.	
규칙적으로 하지 않았을 때 느낌	할 일을 제대로 하지 않아 후회스러운 생각이 든다.	
내가 규칙적으로 하고 있는 것 중 버려야 할 것		
TV 보기	잠	컴퓨터 게임

56 제3장 기본생활습관

학생들이 집에서 규칙적으로 정리정돈하는 것이 무엇인가를 인식하도록 하기 위해 정리정돈할 때와 하지 않을 때 느낌의 차이를 적게 하는 활동이다. 이를 통해 학생들이 자신이 규칙적으로 정리해야 할 것이 무엇인가를 찾도록 지도한다.

다음 표를 작성하면서 내가 집안을 잘 정리정돈하는지 반성해 봅시다.

내가 하고 있는 집안 정리정돈		
이불 개기	방 청소	책 정리
신발장 정리	화분대 정리	책상 정리
서랍 정리	내 물건 정리	속옷 정리
느낌 쓰고 발표하기		
정리정돈 후 느낌	주변 정리정돈이 되어 있어서 공부도 더 잘 된다.	
정리를 하지 않았을 때의 느낌	모든 것이 더 복잡하게 느껴진다.	
내가 앞으로 정리정돈해야 할 것		
내 방 정리정돈	옷 정리	책 정리
책상 정리	내 물건 정리	서랍장 정리

활동 18 | 학교 청소 점검표 작성하기

학생들이 학교에서 어떻게 청소해야 하는지를 알 수 있게 해 주는 학교 청소 점검표 작성 활동이다. 이를 통해 학생들이 자신이 학교에서 청소할 때 어떻게 해야 하는지를 알고 이를 실천할 수 있도록 지도한다.

학교에서 청소할 때 반 전체적으로 어떻게 하고 있는지 점검해 봅시다.

학교 청소 점검표							
년 월 일 ~ 월 일		학년 반					
검사 항목	월	화	수	목	금	토
1. 칠판은 깨끗한가?	○	○	△	○	○	○
2. 화분에 물을 주고 보기 좋게 정리하였는가?	△	○	○	×	○	○
3. 교실 바닥은 깨끗한가?	△	△	×	○	○	○
4. 휴지통은 깨끗이 비웠는가?	○	○	○	△	×	△
5. 걸레로 교실의 구석구석을 잘 닦았는가?	△	×	△	○	○	○
6. 책상과 의자가 잘 정리되었는가?	△	△	○	○	△	○
7. 청소 용구 정리는 잘 되어 있는가?	△	△	△	○	△	○
8. 배식대 주변은 깨끗하게 정리되었는가?	×	△	△	×	×	×
9. 사물함 위의 학습결과물이 잘 정리되었는가?	○	△	○	○	△	○
10. 복도 및 신발장이 깨끗한가?	△	○	×	△	○	×
11. 특별구역의 청소는 잘 되었는가?	○	△	○	○	×	○
12. 모두가 협력해서 청소하였는가?	△	△	△	○	○	○
오늘의 청소 당번은	△	○	△	○	○	△

잘함: ○   보통: △   부족: ×

이번 주의 청소왕은?	
건의사항	배식대 주변은 스스로 잘 정리했으면 좋겠다. 항상 지저분하다.

청소는 이렇게
- 청소 순서
  -창문 열기→ 바닥 쓸기→ 걸레로 구석구석 닦기→ 정리정돈하기
- 모두가 협력하여 즐거운 마음으로 청소합니다.
- 청소가 끝난 후 청소 점검표에 기록을 합니다.
- 청소 검사 후 선생님께 말씀드리고 집에 갑니다.

기본생활습관 검사

여러분의 기본생활습관을 검사해 보고자 하니 솔직하게 대답해 주기 바랍니다. 해당 문항이 맞으면 '예'에, 해당 문항이 맞지 않으면 '아니요'에 체크해 주세요.

	나의 기본생활습관은 어느 정도일까요?	예	아니요
1	나는 시간관리를 잘한다.		
2	나는 게으르지 않은 편이다.		
3	나는 규칙적으로 청소한다.		
4	나는 심부름을 시키면 바로 한다.		
5	나는 규칙적으로 식사한다.		
6	나는 규칙적으로 내 방을 정리정돈한다.		
7	나는 학교 청소를 열심히 한다.		
8	나는 규칙적으로 잠을 잔다.		
9	나는 모든 일을 규칙적으로 하려고 노력한다.		
10	나는 나쁜 습관을 가지고 있지 않다.		
	'예'에 답한 총 개수 ( )개		

'예'가 체크된 문항에 따라

- 8~10개: A 유형 – 기본생활습관이 잘 형성되었군요.
- 4~7개: B 유형 – 기본생활습관이 조금 있는 편이네요.
- 0~3개: C 유형 – 기본생활습관을 기르기 위해 노력하세요.

[A 유형]
기본생활습관이 잘 형성되어 있는 학생으로 모든 일을 효과적으로 처리하여 좋은 결과를 얻는다.

[B 유형]
기본생활습관이 조금 있는 학생으로 '아니요'에 체크한 부분을 보충 지도한다.

[C 유형]
기본생활습관이 상당히 떨어지는 학생으로 기본생활습관을 높이는 방법을 집중적으로 지도한다.

제 4 장

도덕성 확립

도덕성 확립		
세부 내용	• 도덕성 확립에 대한 개념 이해하기 • 도덕성 확립하는 방법 알아보기	
목표	• 도덕성 확립의 개념을 알 수 있다. • 도덕성 확립의 필요성을 설명할 수 있다. • 도덕성을 확립할 수 있다.	
단계		교수 · 학습 활동	자료
---	---	---	---
1	도입단계	• 도덕성 확립을 위한 동기유발 　－도덕성이라는 단어를 듣고 떠오르는 생각 말해 보기 　－도덕성을 확립하는 방법 알아보기	
2	전개단계	• 도덕성 확립 • 식사 예절 • 효도 • 초대와 방문 예절 • 인사 예절 • 전화 예절 • 관람 예절 • 대화법	검사지 활동지
3	정리단계	• 학습 소감 발표 　－앞으로 도덕성 확립을 높이기 위해 할 수 있는 방법에 　　대해 발표하기 　－활용 계획 이야기하기	

1 도덕성

도덕성은 도덕적으로 옳은 것을 말하며, 선악의 견지에서 본 인격, 판단, 행위 등에 관한 가치를 말한다. 칸트는 행위가 도덕률에 대한 존경심을 가지고 의무적으로 이루어졌을 경우, 이것을 가치 있는 것으로 보고 도덕성이 있다고 하였다. 즉, 도덕성이 있다는 것은 옳은 것을 생각하고 행동하는 것을 말한다.

2 식사 예절

요즈음에는 학교에서 급식을 시행하기 때문에 학생들이 같은 장소, 같은 시간에 같은 종류의 음식을 먹게 된다. 이에 따라 집과는 다른 측면에서 식사 중에 지켜야 할 예절이 있다. 또 배식할 때 먹을 수 있는 만큼만 가져와 먹고 음식을 남기지 않는 습관을 가르치는 것도 중요하다. 학생들의 식사 습관은 성장기 건강에 지대한 영향을 끼치므로 식사 예절과 습관은 매우 중요하다.

- 영양을 고르게 섭취하기 위해 골고루 먹어야 한다.
- 조용히 식사한다.
- 조용히 식당에 들어가 식탁에 앉는다.
- 식사 중 돌아다니지 않는다.
- 음식을 씹을 때 소리 내지 않는다.
- 그릇을 손에 들고 먹지 않는다.
- 음식을 입에 넣고 말하지 않는다.

활동 19 │ 나는 식사 예절 전문가

학생들이 올바른 식사 예절을 익히게 하는 활동이다. 이를 통해 학생들이 바른 식사 예절을 익혀 실천하도록 지도한다.

올바른 식사 예절을 위해 식사 전, 식사 중, 식사 후, 반드시 지켜야 할 예절을 알아봅시다.

구분	지켜야 할 예절
식사 전	• 식사 준비 시 엄마와 함께 상차림을 도와드린다. • 손을 씻는다.
식사 중	• 어른이 먼저 수저를 드신 후 먹도록 한다. • 식사를 하면서 다른 행동을 하지 않는다.
식사 후	• 먹은 그릇은 내가 치운다. • 설거지 및 남은 음식물 정리를 도와드린다.

활동 20 | 점심 뷔페 차리기

한 학기에 한 번씩 음식을 한두 가지 준비하여 점심시간에 친구들과 함께 나누어 먹는 활동이다. 점심시간에 학급에서 모둠상을 차려 놓고 자신이 가지고 온 반찬을 뷔페처럼 차려 놓고 나누어 먹는다. 점심 뷔페 차리기가 성공적으로 이루어지기 위해서는 규칙을 미리 알려 주어야 한다. 점심시간이 끝난 다음 전체적으로 발표하게 하여 친구들의 질서나 예절을 평가해 보고 좋은 습관으로 자리 잡을 수 있도록 지도한다.

점심 뷔페 차리기 활동 후 그 과정과 결과에 대해 정리하여 발표해 봅시다.

규칙

- 자기 집의 한두 가지 반찬을 재적 수의 반 정도가 한 젓가락 먹을 분량만큼 가지고 온다.
- 밥은 각자 가지고 온다.
- 교실 한가운데에 모둠상을 차리고 먹을 만큼 순서대로 가져온다.
- 순서는 학생들의 의견을 들어 정한다.
- 편식을 하지 않도록 한다.
- 식사 예절, 차례 지키기, 음식 남기지 않기 등을 지도한다.

점심 뷔페 차리기

구분	발표 내용
내가 가지고 온 반찬은?	김치, 불고기, 계란말이, 구운 김, 멸치볶음
몇 명이나 먹었나?	5명
많이 먹은 이유는? 적게 먹은 이유는?	고기는 맛있어서 많이 먹었고, 김치는 좋아하지 않아서 반을 남겼다.
내가 주로 먹은 반찬은?	계란말이, 불고기
이유는?	내가 좋아하는 음식이다.
내가 싫어하는 반찬은?	김치
이유는?	맵고 자극적이다.
친구들은 식사 예절을 지켰나?	먹으면서 떠들고 왔다갔다 해서 정신이 없었다.
친구들은 차례를 지켰나?	지켰다.
음식이 남았나?	반찬이 남았다.
뷔페가 끝난 후 소감 내가 좋아하는 반찬만 먹게 되어 골고루 먹어야겠다고 생각했고, 밥을 먹을 때 돌아다니거나 큰 소리로 떠드는 행동을 하지 말아야겠다고 생각했다.	

3 효도

효도는 부모를 봉양하고 섬기는 태도다. 효도는 유교 덕목의 하나로 효경에서는 인간 행위의 가장 중요한 덕목으로 삼는다. 효를 사람의 첫 덕목으로 삼은 것은 공자로, 유교에서 효는 인간의 모든 가치와 행위의 근원으로 받아들여진다.

부모에게 효도하는 이유로 두 가지를 들 수 있다. 첫째는 낳아 주신 은혜 때문이고, 둘째는 길러 주신 은혜 때문이다. 자녀는 부모의 은혜를 갚기 위해 정성을 다하고 부모를 공경해야 한다. 대부분의 부모는 자신의 개인적 안락과 편의, 노후의 생활 안정을 위한 자원을 희생하면서까지 자녀들의 양육을 위해서 헌신한다.

효를 생활화하기 위해서는 그것이 작은 행동에서 시작됨을 일깨우고 구체적이며 계속적인 행동화에 주력해야 한다. 그리고 구체적인 활동 과제를 설정하여 실천하게 함으로써 부모를 공경하고 어른을 모시는 태도가 몸에 배도록 하는 것이 좋다. 따라서 일방적인 주입 방식을 탈피하여 행동으로 실천하게 하며, 먼 곳이 아닌 가깝고 작은 일부터 실천하도록 해야 한다.

효를 실천하기 위해서는 부모님의 은혜에 고마움을 가지고 구체적으로 부모님을 모시는 방법에 대하여 지도해야 한다.

효행 10훈

번호	실천할 내용	실천 방법
1	아침 저녁 문안 인사 드리기	• 아침에 일어나서 "○○○, 안녕히 주무셨습니까?" • 저녁에 잠자리에 들기 전에 "○○○, 안녕히 주무십시오."
2	외출 전에 허락 받기	• 언제, 어디서, 무엇을 하다가 올 것인지 말씀드리고 반드시 부모님의 허락을 받는다. "○○○, 학교에 다녀오겠습니다." "○○와 ○○○에서 ○○하고 오겠습니다."
3	외출 후에는 부모님 뵙고 말씀 드리기	• 어디에서 무엇을 하다가 왔는지 말씀드린다. "○○○, 학교에 다녀왔습니다." "○○와 ○○○에서 ○○하다가 왔습니다."

4	부모님께서 외출하시거나 돌아오실 때 인사하기	• 부모님께서 외출하실 때 "○○○ 안녕히 다녀오세요." • 돌아오셨을 때 "○○○ 안녕히 다녀오셨어요?" • 부모님께서 외출하실 때는 현관이나 대문까지 나가서 인사를 드리며 특히 신발 등을 가지런히 챙겨 드린다. • 부모님께서 물건을 들고 외출하시거나 돌아오실 때는 받아서 제자리에 놓는다.
5	부모님께 거짓말하지 않기	• 학교에서 있었던 일을 말씀드린다. • 친구 또는 다른 사람과 있었던 일을 말씀드린다. • 잘 모르는 것은 부모님과 의논한다. • 항상 정직하고 솔직하게 대화한다.
6	부모님 뜻 섬기며 따르기	• 부모님께서 말씀하실 때 공손한 태도로 듣는다. "○○○, 잘 알겠습니다." • 부모님께서 무엇을 시킬 때 즐거운 마음으로 실천한다. "○○은 ~에 하겠습니다." • 부모님이 꾸중하실 때 잘못을 반성하고 뉘우친다. "○○을 잘못했습니다. 앞으로 주의하겠습니다." • 항상 부모님을 존경하는 마음과 태도를 가지고 존댓말을 사용하고, 몸가짐을 바르게 한다.
7	부모님 건강 살펴 드리기	• 부모님께서 피곤하실 때는 안마를 해 드리거나 주물러 드린다. • 부모님이 편찮으실 때 알맞게 간호해 드린다. • 부모님께서 걱정이 있으실 때 위로해 드린다.
8	부모님 즐겁게 해 드리기	• 발을 씻겨 드리거나 손톱, 발톱을 깎아 드린다. • 생신, 회갑, 결혼기념일 등에는 정성껏 축하해 드린다. • 오랜 시간 외출할 때나 여행할 때는 전화나 편지를 드린다.
9	잠자리 보살펴 드리기	• 잠자리 들기 전 이부자리를 깔아 드린다. • 잠자리에서 일어나신 후 이부자리를 정리해 드린다. • 잠자리를 보살필 때에는 TV, 전등, 난방 온도 등도 함께 살핀다.
10	형제간에 우애 있게 지내기	• 형제간에는 욕심을 버리고 서로 이해하면서 우애 있게 지낸다.

활동 21 | 효행 10훈 만들기

부모에게 할 수 있는 효도 10개를 적는 활동이다. 학생들이 서술하는 것을 부담스러워하면 앞쪽 내용을 참고하여 작성하도록 한다. 이를 통해서 학생들이 효의 중요성을 깨닫고 실천할 수 있도록 지도한다.

나만의 효행 10훈을 만들어 봅시다.

순서	실천할 내용	실천 방법
1	스스로 공부하기	스스로 예습 및 복습을 한다.
2	내 방 청소하기	내 방은 내가 스스로 정리하고 치운다. 이부자리 개기, 책 정리, 속옷 정리하기
3	하루 한 번 부모님 어깨 주물러 드리기	저녁식사 후에 부모님의 어깨를 주물러 드린다.
4	동생과 싸우지 않기	동생을 잘 돌봐주고 싸우지 않는다.
5	하루 1시간씩 책 읽기	아침에 일어나 한 시간씩 독서를 한다.
6	화분에 물 주기	아침에 일어나 항상 내가 화분에 물을 준다.
7	가족 여행에 동참하기	가족 여행 시 빠지지 않고 꼭 참석한다.
8	주변 어르신들에게 인사 잘하기	먼저 인사한다.
9	식사할 때 도와드리기	식사 준비 시나 식사 후에 도와드린다.
10	준비물을 스스로 챙기기	필요한 준비물은 스스로 챙겨 놓는다.

학생들이 효행 점검표를 제작, 활용함으로써 자신이 실천한 효행을 되돌아보아 효행의 실천력을 높이기 위한 활동이다. 이를 통해 학생들이 가정과 학교에서 효행을 알고 이를 실천할 수 있도록 지도한다.

효행 점검표는 일 단위, 주 단위, 월 단위 등 형편과 효율성에 맞도록 자기 평가 빈도를 정하게 한다. 자기 평가나 매일 평가는 정규 교과지도가 끝나고 귀가하기 전에 실시하고 주 단위나 월 단위 평가는 고정된 요일, 날짜에 실시한다. 평가 결과를 수행평가의 한 형태로 활용하여 실천 동기를 강화시키는 것도 좋은 방법이다.

효행 점검표를 작성해 봅시다.

효행 점검표						
덕목	주요 실천 사항	자기 평가				
		1	2	3	4	5
인사	부모님께 아침저녁 인사를 하였는가?					○
	부모님께 식사 때 인사는 잘하였는가?					○
	부모님께 집을 나갈 때와 들어올 때 인사는 잘하였는가?					○
효도	부모님께서 시키시는 일을 기쁨으로 잘하였는가?				○	
	공부는 스스로 하였는가?				○	
	나 때문에 부모님께서 걱정을 하시지는 않는가?			○		
	부모님께 항상 존댓말을 사용하였는가?			○		
형제 우애	형제자매간에 사이좋게 잘 지냈는가?				○	
	형제자매간에 서로 양보하는 생활을 하였는가?				○	
나의 뿌리 찾기	가훈을 암기하고 잘 실천하였는가?					○
	조상의 내력을 알고 있는가?				○	
경로 정신	웃어른이 무엇을 주시면 감사하는 마음으로 받았는가?					○
	웃어른이 먼저 음식을 드실 때까지 기다리고 있었는가?					○
	웃어른을 보면 공손히 인사를 하였는가?					○

활동 23 나의 뿌리를 찾아서

학생들이 평상시에 관심을 가지지 않은 자신의 성과 본, 파, 시조, 조상에 대해 진지하게 알아보고 작성하는 활동이다. 또한 내게 어떤 친척이 있는지 친척 관계표에 표시하고 관계를 설명할 수 있도록 지도한다.

① 우리 집의 뿌리

성(姓)	본관	파	시조	조상 중 훌륭한 분
			_____의 _____대손	

② 친척 관계표

친척 간의 예절은 사랑과 믿음의 연결이다. 친척 관계표를 보고 나에게 있는 친척들에 '○' 표시를 한 후, 촌수에 따라 바른 호칭을 익혀 보자.

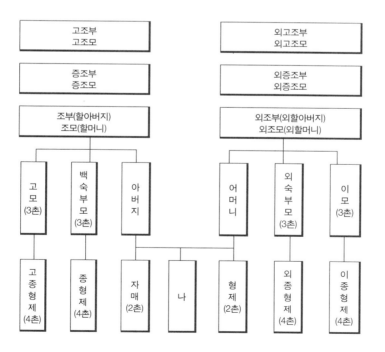

활동 24 　 편지는 사랑을 싣고

학생들이 부모님께 감사했던 일, 섭섭했던 일, 부모님께 드리는 약속 등을 편지 형식으로 작성하는 활동이다. 이를 통해서 학생들이 부모에 대해 섭섭한 감정을 잊고 고마운 마음을 가질 수 있도록 지도한다.

1 부모님께 드리는 글

> 아버지 어머니 감사합니다. 지금까지 건강하고 밝게 아무 걱정 없이 클 수 있었던 것이 모두 부모님께서 저를 아끼고 사랑해 주셨기 때문입니다.
> 그 사랑에 보답하고자 더 열심히 공부하고 바르게 자라도록 하겠습니다.

2 부모님께 섭섭했던 일

> 저도 공부를 잘 하고 싶지만 결과가 좋지 않아 많이 꾸중 들었을 때가 있었는데 좀 섭섭했습니다. 나름대로 열심히 한다고 했는데요.

3 부모님께 감사했던 일

> 힘들게 일하시고 돈을 버시는 모습을 보면서 더 열심히 공부 해야겠다고 생각했습니다. 제가 해달라고 하면 단 한 번도 거절하지 않으시고 다 들어주시면서 열심히 하라고 하셨던 부모님의 사랑에 깊이 감사드립니다.

70　제4장 도덕성 확립

4 초대와 방문 예절

손님을 초대하거나 다른 이를 방문할 때는 예의를 갖추어야 한다. 예의를 갖추지 않으면 상대방이 싫어하거나 불쾌해할 수 있다는 점을 지도해야 한다. 초대와 방문 예절은 다음과 같다.

- 초대 예절
  - 집안 청소를 깨끗이 하고 손님을 맞이할 준비를 한다.
  - 손님이 오시면 "어서 오십시오." 하고 친절하게 맞아 안내한다.
  - 방 안에 손님을 모셨을 때에는 방석을 내드린다.
  - 손님의 소지품을 정중히 받아서 잘 보이는 곳에 보관해 두었다가 가실 때 내드린다.
  - 손님의 신발은 신기에 편하도록 신발 앞쪽이 현관 밖을 향하도록 정리한다.
  - 오래 기다려야 할 경우에는 신문이나 잡지를 가져다 드린다.
  - 묻는 말에 친절히 대답하고, 어른들과 이야기할 때에는 끼어들지 않는다.
  - 손님이 가실 때에는 현관이나 대문까지 나가서 인사드린다.
  - 노인이나 어린이는 차 타는 곳이나 편한 길까지 배웅한다.

- 방문 예절
  - 남의 집을 방문할 때는 미리 연락을 하고, 식사 시간은 피한다.
  - 방문 약속을 하였으면 약속 시간은 꼭 지킨다.
  - 어른께는 공손히 인사를 드린 후 방문 목적에 맞게 행동한다.
  - 주인 허락 없이 이 방 저 방 기웃거리거나 물건을 만지지 않는다.
  - 음식은 주인이 권할 때 "잘 먹겠습니다." 하고 먹는다.
  - 방문 목적을 마치면 인사를 드리고 돌아온다.

- 손님 접대 예절
  - 차는 손님에게 여쭈어 기호에 맞게 낸다.

- 찻숟가락은 손님의 오른쪽 방향 찻잔 앞에 놓는다.
- 주스나 음료수를 대접할 때에는 컵받침을 받친다.
- 과일은 잘 깎아서 먹기 좋은 크기로 잘라 접시에 담아 낸다.
- 과일 포크나 과일 꽂이는 넉넉하게 담아 낸다.
- 음식을 낼 때에는 쟁반에 받친다.

● 선물을 주는 예절
- 남에게 물건을 보내는 것은 감사의 마음을 나타내는 방법이므로 정성스러운 마음으로 준비한다.
- 선물을 줄 때의 말씨에도 정성을 담아야 한다.
  예 "○○야, 생일 축하해!"
- 선물을 받으면 즉시 열어 보면서 감사 인사를 한다.
  예 "어머 예뻐라. ○○야, 고마워!"
   "○○야, 이렇게 좋은 선물을 줘서 고마워!"
- 웃어른이 주시는 선물은 일어서서 공손하게 두 손으로 받는다.
  예 "감사합니다. 아껴서 잘 쓰겠습니다."

학생들이 초대와 방문할 때의 예절과 손님 접대 및 선물을 줄 때 어떠한 예절을 지켜야 하는가를 작성하는 활동이다. 이를 통해 학생들이 초대와 방문 예절을 익히고 실천하도록 지도한다.

초대하거나 방문할 시에 지켜야 할 예절에 관해 알아봅시다.

질문	답
친구를 초대했을 때 어떤 예절을 표현하면 좋은가?	부모님께 먼저 친구를 소개하고 인사드린다. 내 방으로 가서 간식을 먹으면서 함께 여러 가지를 보면서 편하게 지낼 수 있도록 도와준다.
친구에게 초대를 받았다면 나는 어떻게 방문할 것인가?	어른들께 먼저 인사드리고 친구 방으로 가서 즐겁게 놀다 온다.
손님을 접대할 때 어떻게 예절을 표현하면 좋은가?	편하게 앉을 곳으로 안내한 후에 마실 것을 대접해 드린다.
선물을 줄 때 어떻게 예절을 표현하면 좋은가?	인사와 함께 드리도록 한다.

5 인사 예절

　　인사는 상대방에게 나의 첫인상을 좋게 만들어 준다. 따라서 인사를 잘해야 좋은 인간관계가 형성된다. 인사를 잘하기 위해서는 외부로 나타나는 행동도 중요하지만 상대에게 가져야 할 마음가짐도 중요하다. 마음가짐이 외부로 나타나기 때문이다. 상대방에 대한 마음가짐은 상대방을 존중하는 데서 시작된다.

- 인사 종류
  - 목례하기
  - 보통 경례하기
  - 정중한 인사하기
  - 거수 경례하기
  - 절하기
  - 악수하기

- 인사 방법
  - 때에 맞는 인사하기
  - 장소에 맞는 인사하기
  - 상대에 맞는 인사하기

활동 26 | 나는 인사의 달인

🔖 학생들이 인사 종류와 방법을 배우는 활동이다. 이를 통해 학생들이 인사 방법을 익히고 실천하도록 지도한다.

상대와 상황에 따라 다른 여러 가지 인사 방법에 관해 알아봅시다.

상황	인사 종류	인사 방법
길에서 하는 인사	반가운 인사	가볍게 15도 정도 고개를 숙이고 인사한다.
집에서 하는 인사	문안인사	30도 정도 고개를 숙이고 인사한다.
처음 만났을 때 하는 인사	정중하게 하는 인사	30도 정도 고개를 숙이고 인사한다.
친한 친구와 만났을 때 하는 인사	가벼운 인사	손을 흔들어 반갑게 인사한다.
아침에 일어나 부모님께 하는 인사	문안인사	30도 정도 고개를 숙이고 인사한다.
잠자리에 들 때 부모님께 하는 인사	문안인사	30도 정도 고개를 숙이고 인사한다.
선생님을 만났을 때 하는 인사	정중하게 하는 인사	30도 정도 고개를 숙이고 인사한다.
상가에 가서 하는 인사	정중하게 하는 인사	45도 정도 고개를 숙이고 정중하게 인사한다.
잔칫집에 가서 하는 인사	정중하게 하는 인사	30도 정도 고개를 숙이고 축하 인사한다.

6 전화 예절

전화할 때는 대개 음성만으로 대화하기 때문에 예절을 지키지 않는 경우가 많다. 그러나 사람이 보이지 않더라도 정중하게 대한다면 상대방은 기분이 좋아질 것이다. 따라서 전화 예절을 배워 실천하는 것은 좋은 인간관계를 맺는 데 도움이 된다.

● 전화 걸 때의 예절
  - 용건을 미리 정리해 짧은 통화가 되도록 한다.
  - 늦은 밤이나 이른 아침, 식사 시간은 되도록 피한다.
  - 전화를 잘못 걸었을 때에는 "죄송합니다. 전화를 잘못 걸었습니다."라는 식으로 정중하게 사과한다.
  - 상대가 전화를 받으면 정확하게 연결되었는가를 확인하고 자기소개를 한다.
  - 상대가 먼저 전화 건 쪽을 알아차렸을 때에는 인사하고 용건을 말한다.
  - 상대가 없으면 받은 사람에게 메모를 부탁하거나, 전해 줄 수 있는지의 여부를 정중히 묻고 용건을 말한다.
  - 용건이 끝나면 정중히 인사하고 전화를 끊겠다고 말한 후 끊는다.

● 전화 받을 때의 예절
  - 되도록이면 전화벨이 세 번 이상 울리기 전에 받는다.
  - 자기소개부터 한다. "안녕하세요. 저는 ○○○입니다."
  - 전화를 건 사람이 확인되면 먼저 인사한다. "안녕하세요."
  - 다른 사람을 찾으면 친절하게 "잠시만 기다려 주세요."라고 말하고 바꿔 준다.
  - 전화를 받아야 할 사람이 없으면 사정을 말하고, 대신 받아도 되겠느냐고 묻는다.
  - 타인의 부재중 전화는 통화 내용, 시간, 전화를 건 사람 등을 메모한 후 전해 준다.
  - 가능하면 전화를 건 사람이 먼저 끊은 후 수화기를 내려놓는다.
  - 잘못 걸려온 전화에도 친절하게 응대한다.

활동 27 | 갑자기 전화가 왔어요

🖊️ 학생들이 전화 예절을 배우는 활동이다. 이를 통해 학생들이 전화 예절을 익히고 실천하도록 지도한다.

1️⃣ 교실에 안 계신 선생님을 찾는 전화가 왔을 때

지금 안 계십니다.
혹시 전하실 말씀 있으시면
제가 전해 드리겠습니다.

2️⃣ 할아버지 전화를 받았을 때

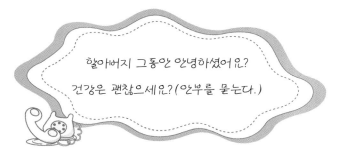

할아버지 그동안 안녕하셨어요?
건강은 괜찮으세요? (안부를 묻는다.)

3️⃣ 전화를 잘못 걸었을 때

잘못 거셨습니다.
여기는 ○○○입니다.

7 관람 예절

관람 예절은 연극·영화·운동경기·전시회, 음악회 관람 시에 지켜야 할 예절을 말한다.

- 관람 전에 지켜야 할 예절
  - 차례로 줄 서기
  - 떠들지 않기
  - 차례로 입장하여 지정석에 앉기
  - 시설물에 함부로 손대지 않기

- 관람 중에 지켜야 할 예절
  - 떠들지 않기
  - 다른 사람에게 피해 주지 않기
  - 무대에 올라가거나 경기장에 들어가지 않기
  - 쓰레기 함부로 버리지 않기

- 관람 후에 지켜야 할 예절
  - 쓰레기 줍기
  - 줄을 서서 차례로 퇴장하기

- 실제 관람 활동을 통하여 관람 예절 익히기
  - 가까운 문화 행사장을 찾아 실제로 관람 예절 익히기

활동 28 | 나는 배려할 줄 알아요

학생들이 공공장소에서 지켜야 할 예절을 배우는 활동이다. 이를 통해 학생들이 공공장소에서 지켜야 할 예절을 익히고 실천하도록 지도한다.

다양한 공공장소에서 지켜야 할 예절에 관해 알아봅시다.

장소	지켜야 할 예절
박물관	전시된 작품을 손으로 만지지 않는다. 크게 얘기하거나 떠들지 않는다.
도서관	조용히 하고 크게 얘기하거나 떠들지 않는다. 핸드폰은 진동으로 해놓는다.
병원	조용히 하고 크게 얘기하거나 떠들지 않는다.
공중 목욕탕	조용히 하고 크게 얘기하거나 떠들지 않는다. 상대방에게 물이 튀지 않도록 주의한다.
음식점	조용히 하고 크게 얘기하거나 떠들지 않는다. 음식을 먹으면서 돌아다니지 않는다.
지하철	차례를 지키고 지하철 내에서 큰 소리로 떠들거나 전화하지 않는다. 웃어른께 자리를 양보한다.
예의를 지키지 않는 사람을 보았을 때의 느낌	예의가 없어 보이고 자기만 아는 이기적인 사람으로 보인다.

8 대화법

과거 우리나라는 서구의 풍토와 달리 침묵이 강조되는 사회였다. 그래서 옛말에 "침묵은 금이다." "가만히 있으면 중간은 간다."라는 말을 자주 사용하였다. 그러나 정보화 사회가 되면서 자신을 잘 표현할수록 대우 받는 세상이 되었다. 자신이 아무리 가진 것이 많아도 말을 잘하지 못하면 충분한 표현을 못하므로 자신이 가진 재능을 남에게 보여 줄 수 없다.

대화의 사전적 의미는 마주 대하여 이야기를 주고받는 것이다. 영어로 'communication' 은 대화보다 더 넓은 의미로 사용되고, 사람의 언어나 몸짓, 화상 등의 외형적 기호를 매개 수단으로 하여 정신적 · 심리적 측면을 전달, 교류하는 작용까지 포함한다.

단순히 말을 잘한다는 것은 남과 차별화된 능력이지만 반드시 좋은 결과를 얻을 수는 없다. 그러나 대화를 잘한다는 것은 자신이 가진 정보, 지식, 생각, 아이디어, 제안을 어떻게 하면 잘 전달해서 상대방에게 원하는 결과, 즉 수락이나 동의 등 긍정적인 선택을 하게 하는 것이기 때문에 좋은 결과를 얻을 수 있다.

- 대화 의미
  - 서로 마주하여 주고받는 말을 의미한다.
  - 이야기를 나누는 것은 일상생활에서 두 사람 이상이 서로에 대하여 생각과 느낌을 표현하고 이해하는 상호적인 언어 활동이다.
  - 사람이 사용하는 언어 활동 가운데 가장 기본이 되는 요소다.
  - 대화는 반드시 말하는 사람과 듣는 사람이 있다.
  - 듣는 사람과 말하는 사람의 역할은 서로 순환한다.

- 대화의 기본 원리
  - 모든 대화 참여자는 말할 기회를 가져야 한다.
  - 말하는 것뿐 아니라 듣는 자세도 중요하다.
  - 남의 의견을 중간에 가로채지 않는다.
  - 다른 사람의 의견을 끝까지 듣고 자신의 생각을 말한다.
  - 말하는 목적을 알고 그 목적에 맞는 대화를 한다.

활동 29 | 선생님 고맙습니다

학생들이 선생님에 대한 고마움을 글로 표현하는 활동이다. 지도하는 선생님에게 편지를 써도 되고 다른 선생님에게 편지를 써도 된다. 이를 통해 학생들이 선생님에 대한 감사의 마음을 생각하고 표현하도록 지도한다.

선생님에게 감사의 마음이 담긴 편지를 써 봅시다.

선생님, 안녕하세요?

저 ○○○입니다. 처음 선생님 뵈었을 때 선생님께서 저의 이름을 부르시고는 정말 예쁜 이름이라고 말씀하셨지요? 항상 칭찬을 먼저 해 주시는 선생님이 너무 좋았습니다.

성적이 많이 오르지 않자 더 열심히 하라면서 힘을 주시고 꿈과 목표를 크게 갖고 이루기 위해 더욱 열심히 노력하라고 말씀해 주셔서 너무 좋았습니다. 선생님의 말씀 덕분에 저에게도 큰 목표와 꿈이 생겼습니다.

꼭 이루기 위해 노력하도록 할게요.

공부도 중요하지만 언제나 새로운 생각과 창의적인 활동의 중요성을 말씀하시고 그렇게 생각하고 행동하도록 가르쳐 주셨기 때문에 새로운 생각을 할 수 있는 많은 기회가 생겼던 것 같습니다. 어른이 되면 세계 여러 나라를 여행하면서 견문을 넓히고 경험해 보고 싶은 꿈도 생겼습니다.

선생님처럼 많은 희망과 꿈을 주는 사람이 되도록 노력하겠습니다.

선생님! 정말 감사합니다. 그럼 안녕히 계세요.

제자 ○○○ 드림

도덕성 검사

 여러분의 도덕성을 검사해 보고자 하니 솔직하게 대답해 주기 바랍니다. 해당 문항이 맞으면 '예'에, 해당 문항이 맞지 않으면 '아니요'에 체크해 주세요.

	나의 도덕성은 어느 정도일까요?	예	아니요
1	나는 인사를 잘한다.		
2	나는 부모에게 효도를 잘한다.		
3	나는 친척들과 좋은 관계를 가지고 있다.		
4	나는 친구나 형제간에 우애가 있다.		
5	나는 방문 예절과 초대 예절을 잘 지킨다.		
6	나는 인사 예절을 잘 알고 있다.		
7	나는 전화 예절을 잘 알고 있다.		
8	나는 관람 예절을 잘 지키고 있다.		
9	나는 공공장소에서 지켜야 할 예절을 잘 알고 지킨다.		
10	나는 선생님에 대한 고마움을 잘 알고 있다.		
'예'에 답한 총 개수 ( )개			

'예'가 체크된 문항에 따라

• 8~10개: A 유형 – 도덕성이 높군요.
• 4~7개: B 유형 – 도덕성이 조금 있는 편이네요.
• 0~3개: C 유형 – 도덕성을 기르기 위해 노력하세요.

[A 유형]
도덕성이 강한 학생으로 모든 경우에 예절을 알고 행동함으로써 다른 사람들에게 좋은 평가를 받는다.

[B 유형]
도덕성이 조금 있는 학생으로 '아니요'에 체크한 부분을 보충 지도한다.

[C 유형]
도덕성이 상당히 떨어지는 학생으로 도덕성을 높이는 방법을 집중적으로 지도한다.

MEMO

제 5 장

공동체 의식

공동체 의식		
세부 내용	• 공동체에 대한 개념 이해하기 • 공동체 형성 방법 알기	
목표	• 공동체의 개념을 알 수 있다. • 공동체 확립의 필요성을 설명할 수 있다. • 공동체 형성 방법을 익혀 활용할 수 있다.	

	단계	교수 · 학습 활동	자료
1	도입단계	• 공동체 확립 조성을 위한 동기유발 −공동체라는 단어를 듣고 떠오르는 생각 말해 보기 −공동체 확립의 개념 알아보기	
2	전개단계	• 공동체 의식 • 협동심 • 준법정신 • 공중도덕 • 질서 • 봉사활동 • 다문화 가정	검사지 활동지
3	정리단계	• 학습 소감 발표 −앞으로 공동체 확립을 위해 할 수 있는 방법에 대해 발표하기 −활용 계획 이야기하기	

1 공동체 의식

　공동체란 같은 환경을 공유하는 사회 집단이며, 같은 관심사를 가진 집단 구성원이 한마음 한뜻을 가지고 살아가는 것을 말한다. 인간은 사회적 동물로 원시시대부터 집단을 이루어 공동체 속에서 살아왔다. 그러나 오늘날 급속한 산업화로 개인주의 성향이 증가하고 있고, 도시 생활이 보편화되면서 공동체 의식은 약화되어 가고 있다. 현대인은 이기주의로 흐르기 쉽기 때문에 사회적인 문제가 점차 많아지고 있다. 학생들에게 공동체 의식의 중요성을 일깨워 주고, 학생들이 공동체를 형성하려는 태도를 가지도록 지도해야 한다. 공동체 의식을 함양하는 방법은 다음과 같다.

- 사랑의 편지 쓰기: 학생들의 공동체 의식을 함양하기 위하여 자기가 좋아하는 친구에게 편지를 쓴다.
- 흑기사 정하기: 흑기사는 어려운 사람을 도와주는 역할을 하는 사람으로, 학급원 중에서 흑기사를 정해 학생들이 어려운 일이 있을 때 도와주는 역할을 하게 한다.
- 친구의 좋은 점 발표하기: 학급원들에게 의무적으로 한 사람을 정해서 친구의 좋은 점을 적어서 발표해 보게 한다.
- 생일 축하하기: 학급원 중 생일을 맞은 친구를 위해 들꽃으로 꽃다발을 만들고 생일 카드와 다과를 준비해서 축하하는 행사를 진행한다.

활동 30 | 하나 되기 위한 학급활동

학급원 전체의 공동체 의식을 형성하기 위해 서로에게 애정을 갖도록 의도하는 활동이다. 이 활동을 통해 학생들이 공동체 소속원의 중요성을 깨닫고 상대방을 배려하는 마음을 갖도록 지도한다.

우리 학급이 공동체가 되도록 하기 위한 행사를 계획해 봅시다.

행사 내용	추진 시기 및 추진 횟수											
	3월	4월	5월	6월	7월	8월	9월	10월	11월	12월	1월	2월
사랑의 편지 쓰기	/	/										
흑기사 정하기			/	/	/							
친구의 좋은 점 발표하기						/	/	/				
생일 축하하기									/	/	/	/

활동 31 | 탑 쌓기

탑 쌓기는 학급원 전체의 협동심과 공동체 의식을 형성하기 위한 활동이다. 길가에 버려진 돌, 학교 운동장에 있는 불필요한 돌 등을 주워 높게 돌탑을 쌓아 공동체 의식을 함양한다. 교실에서 탑 쌓기를 하려면 블록을 미리 준비하거나, 책이나 학용품을 모아서 가장 높이 쌓는 활동을 해도 좋다. 결과물은 사진을 찍어 전시하거나 토론에 사용한다. 학생들이 이를 통해서 공동체 의식과 협동심을 기르도록 지도한다.

학급원들과 탑을 쌓고 사진을 찍어서 다음 빈칸에 그 사진을 붙여 봅시다.

2 협동심

협동이란 같은 목표를 정해서 서로의 힘을 합치는 것을 말한다. 학생의 협동심을 기르는 방법에는 두레를 운영하는 것이 효과적이다. 우리나라에는 옛부터 동네 사람들이 함께 모여 서로 도와주며 살아가는 두레라는 공동체가 있었다. 학생들이 두레별로 활동하며 그 속에서 협동심을 기르도록 하는 데 목적이 있다.

두레 활동을 활성화하기 위해서는 두레를 만들어야 하는데, 그 예를 보면 다음과 같다.

- 체육두레: 학급의 운동이나 운동경기를 관리하며, 체육 수업을 준비한다.
- 시사두레: 신문이나 방송에 나오는 기사를 정리하여 게시판에 게시, 재미있는 기사나 시사적인 내용을 싣는다.
- 과학두레: 과학 실험 준비물을 준비하고 과학에 관련된 정보를 제공해 준다.
- 신문두레: 학급 소식지를 발간한다.
- 환경두레: 학급의 환경 정리를 담당하며, 학급 구석구석을 책임지고 청소하며 관리한다.
- 학습두레: 학급의 학습 업무를 담당하고, 학습에 필요한 자료를 준비하고 학급 문고를 관리한다.

두레를 만들고 활성화하기 위해서는 인원을 구성하고 두레장을 선출해야 한다. 두레 인원 구성은 한 두레당 5~6명이 적당하며, 이를 이끌어 갈 두레장을 선출한다. 두레의 협동심을 높이기 위해 두레 노래와 두레 구호를 만들고 발표회를 갖는다. 이를 통해 학생들에게 친밀감 형성과 공동체 의식을 느끼게 하고 선의의 경쟁을 하도록 한다.

활동 32 | 두레 신문 만들기

새로운 친구들과 공동체 의식, 협동심을 기르기 위한 활동으로, 신문이나 잡지에서 알리고 싶은 주제에 대한 내용의 글자를 오려내어 붙이도록 한다. 다 만든 후에는 발표 시간을 갖고 서로 점수를 매긴다. 학생들이 이를 통해 공동체 의식과 협동심을 기르도록 지도한다.

두레 신문을 만들어 봅시다.

활동 33 협동 모자이크 만들기

새로운 친구들과 공동체 의식, 협동심을 기르기 위한 활동으로, 신문이나 잡지에서 알리고 싶은 기사나 내용을 찢어서 모자이크처럼 붙이는 것이다. 다 만든 후에는 발표 시간을 가지고 서로 점수를 매긴다. 학생들이 이를 통해 한 명의 노력보다는 힘을 합쳐 서로 도움을 줄 수 있을 때 하나의 작품이 완성됨을 느끼도록 지도한다.

협동 모자이크를 만들어 봅시다.

활동 34 | 두레 체육대회

학생들의 두레에 대한 의욕을 높이고자 할 때 두레 체육대회를 통해 선의의 경쟁을 유도하면 좋다. 우열은 두레원 개인의 농구 골대에 공을 넣은 숫자를 합산하거나, 배구 또는 피구 등을 해서 가린다. 학생들이 함께 땀 흘리며 서로 몸을 부딪칠 때 친구의 의미를 알고 하나가 된다. 평가 기록표를 만들어 누계를 기록하고 결과 후 반드시 보상을 실시한다.

두레 체육대회를 개최하여 결과를 기록해 봅시다.

두레 체육대회 기록장								
두레 이름	두레원 개인 성적							등수
별	김철수 25	홍길동 35	정연종 20	김영희 15	김동아 5	이다희 4	김기영 10	1
달	○○○ 15	○○○ 25	○○○ 32	○○○ 15	○○○ 5	○○○ 5	○○○ 5	2
해								

두레 일기는 주제를 정해서 두레원 전체가 참여해서 일기를 쓰는 것이다. 두레 일기는 공개적인 것으로 누구라도 그 내용을 볼 수 있다. 두레 일기 쓰기는 두레원들에게 자신의 마음을 표현하고 상대방의 마음을 이해하기 위한 활동이다. 또한 자신의 글솜씨를 뽐내거나 다른 친구의 글 쓰는 방식을 배울 수 있는 좋은 기회다. 학생들이 두레 일기를 통해서 서로의 마음을 이해하고 결속력을 기르도록 지도한다.

두레원들에게 자신의 마음이 담긴 글을 써 봅시다.

주제: 공부

공부는 인간다운 삶을 보장하고 행복한 삶을 살게 해 준다. 행복한 삶을 살기 위해서는 공부를 해야 한다.

3 준법정신

준법정신은 시민 한 사람 한 사람이 약속한 법이나 공중도덕을 지키려는 정신을 말한다. 모든 것이 복잡하게 얽혀 있는 현대 산업사회에서 살아가기 위해서 필요한 것이 준법정신이다. 준법정신이 없으면 법질서를 어지럽히게 되어 개인과 사회에 피해를 준다. 따라서 학생들이 준법정신의 중요성을 이해하고 이를 생활화할 수 있도록 지도해야 한다.

활동 36 | 모의재판

학생들이 준법정신을 기를 수 있도록 재판에 직접 참여하여 진행하는 활동이다. 모의재판은 학생이 법관과 변호사, 범인, 증인 등을 맡아 사건이나 문제를 정해서 실제로 재판하듯이 역할놀이를 하는 것이다. 모의재판이 끝난 후에는 학생들에게 모의재판에 대한 소감을 발표하게 한다. 이를 통해 학생들이 준법정신을 기르고 실천하도록 지도한다.

모의재판을 준비하여 진행해 봅시다.

모의재판		
역할	이름	한 일
판사	김철수	재판을 판결함
변호사	홍길동	피의자를 변론함
피의자	이기하	교실에서 돈을 훔쳤다는 혐의로 기소됨
증인	정다인	피의자가 교실에서 돈을 훔치는 것을 보았음
재판 참관 소감		
돈을 훔치지 말아야겠다.		

학급의 책상, 의자, 비품, 구역 등에 자신의 이름표를 달아 사물에 대한 관심을 높이고 책임감을 가지고 관리하도록 하는 활동이다. 이름표를 만들어 달 수 있는 곳은 화분, 학교 나무, 책상, 걸상, 담당구역 등이다. 이름표는 학생들이 좋아하는 모양으로 만들어도 좋지만 통일성을 기하는 것도 좋다. 이름표에는 학년, 반, 이름과 학생의 전화번호를 기록한다. 이 활동은 항상 교실에서 이름표를 부착하고 활동하도록 함으로써 자신의 행동에 조심하고 책임감이 강해지며 절제하는 습관을 기르는 데 활용한다.

학급의 책상, 의자 등 다양한 물품에 이름표를 적어 붙여 봅시다.

이름표 양식	
물품 이름	양동이
성명	김철수
연락처	○○○ ― ○○○○ ― ○○○○
특징	찌그러졌음

학급 안에 무인판매대를 설치하여 운영함으로써 갈등을 조정하고, 올바른 판단을 할 수 있도록 하는 활동이다.

무인판매대는 말 그대로 사람이 없는 가게로, 교실 공간에 어린이들이 필요로 하는 학용품이나 간식을 비치해 둔다. 물건은 대를 만들어 물건이 눈에 잘 띄게 정리한다. 무인판매대 운영록에 볼펜을 매달아 놓아 이용자가 기록하게 한다. 매주 결산하여 잔고를 확인하고 발표한다. 결산 결과 이상이 없는 주는 학급 전체의 정직함을 칭찬하고 보상한다. 결산서에 이상이 없는 주에는 무인판매대 앞에 하얀 깃발을 달고, 이상이 있는 주에는 붉은 깃발을 달아 경계심을 갖도록 한다.

간식은 학생들이 평소에 자주 사 먹는 것으로 유통기한을 확인하여 이상이 없는 것으로 하며, 학용품은 값싸고 품질이 우수한 제품을 판매한다. 결산은 반장이 하며, 물건 구입을 위한 출자는 학생들의 자발적 모금을 통해서 한다. 무인판매대 운영을 통해 학생들 스스로 갈등을 조정하고 올바른 판단을 할 수 있도록 지도한다.

학급에 무인판매대를 설치하여 운영해 봅시다.

무인판매대 판매일지		
순서	물건 이름	가격
1	볼펜	300
2	공책	500
3	지우개	300
4	연필	200
5		
6		
7		
8		
9		
10		

4 공중도덕

공중도덕이란 사회의 질서를 유지하기 위하여 사람들이 지켜야 할 사회적 규범을 말한다. 공중도덕을 지키지 않으면 다른 사람에게 피해를 줄 수 있다. 학교나 밖에서 공중도덕을 잘 지키지 않으면 거리가 지저분해지거나, 사람들이 불편을 느끼는 등 서로 폐를 끼치게 되어 다툼으로 번질 수 있다. 우리가 지켜야 할 공중도덕은 다음과 같다.

- 공공장소에서 휴대전화를 사용할 때 되도록 조용하고 간단하게 해야 한다.
- 지하철을 탈 때는 노란선 뒤로 줄을 선다.
- 지하철에서 노약자에게 자리를 양보한다.
- 버스에서는 떠들지 않고 조용히 한다.
- 버스 안에서 음식물을 먹지 않는다.
- 거리에 침을 뱉지 않는다.
- 거리에 휴지나 쓰레기를 버리지 않는다.
- 공중 벤치는 깨끗하게 사용한다.
- 공중 화장실에서는 볼일을 본 후 반드시 물을 내린다.
- 사람들이 많이 있는 곳에서는 큰 소리를 내지 않는다.
- 다른 사람에게 욕을 하지 않는다.
- 도서관에서는 떠들지 않는다.
- 교실 바닥에 쓰레기를 버리지 않는다.
- 교실에서 큰 소리로 떠들거나 장난치지 않는다.

학생들이 잘 지키는 공중도덕과 지키지 못하는 공중도덕을 알아보기 위해서 작성하는 활동이다. 학생들이 답한 것을 보고 잘 지키지 못하는 공중도덕을 잘 지킬 수 있도록 지도한다.

내가 잘 지키는 공중도덕과 잘 지키지 못하는 공중도덕을 순서대로 쓰고, 그 이유가 무엇인지 적어 봅시다.

순위	잘 지키는 공중도덕	이유	순위	지키지 못하는 공중도덕	이유
1	줄서기	제일 쉬워서	1	침 뱉지 않기	가래가 나와서
2	떠들지 않기	입만 다물면 되니까	2	욕하지 않기	습관이 되어서
3			3		
4			4		
5			5		

5 질 서

타인에게 피해를 주지 않고 학생들의 안전을 위해서는 스스로 교내나 교외에서 질서를 지켜야 한다. 학생들은 등·하교 시에 인도로 걸어야 하며, 걸을 때는 오른쪽으로 걸어야 한다. 찻길을 건널 때는 횡단보도나 육교, 지하차도로 건너도록 한다. 버스나 지하철을 타고 내릴 때는 순서를 지켜야 하며, 자리는 노약자나 임신부에게 양보해야 한다.

항목		실천 내용
실내	출입구	• 차례를 지키며 지정된 통로를 따라 출입구를 이용한다. • 뛰거나 밀지 않고 조용히 걷는다. • 조용히 바른 자세로 차례를 지킨다. • 교실에 들어갈 때는 정해진 장소에서 실내화로 갈아 신는다. • 실외화의 흙을 잘 털어서 신발장에 넣는다.
	복도	• 오른쪽으로 사뿐사뿐 앞 발부리로 걷는다. • 한 줄로 서서 조용히 걷는다. • 복도를 걸을 때는 남의 교실을 들여다보거나 기웃거리지 않는다. • 복도에서는 장난치거나 뛰지 않는다. • 환경물에 손대지 않는다. • 복도에서는 소리를 지르거나 놀이를 하지 않는다. • 실내화를 신고 걸을 때는 소리가 나지 않게 걷는다.
	교실	• 교실에서는 자연스러운 걸음걸이로 천천히 걷는다. • 교실에서는 이유 없이 돌아다니거나 뛰지 않는다. • 밖으로 나갈 때는 의자를 밀어 넣고 차례로 천천히 나간다. • 가급적 뒷문을 사용한다.
실외	운동장	• 정해진 장소나 안전한 곳에서 논다. • 위험한 기구를 가지고 놀지 않는다. • 위험한 놀이는 하지 않는다. • 운동기구는 안전 여부를 확인하고 사용한다. • 운동기구 사용법을 숙지하고 바르게 사용한다. • 운동기구를 사용할 때는 순서를 지킨다.

활동 40 | 질서 점검표 작성하기

학생들이 질서를 얼마나 지키고 있는가를 알기 위한 활동이다. 이 활동을 통해 학생들이 질서를 지켜야 한다는 생각을 하도록 지도한다.

질서 점검표를 작성해 봅시다.

순서	점검	내용
	질서 점검표	
1	교내에서 지켜야 할 질서	— 우측통행 — 뛰지 않기 — 싸우지 않기
2	교외에서 지켜야 할 질서	— 횡단보도로 건너기 — 휴지 버리지 않기
3	질서를 지키지 않았을 때의 느낌	— 괜히 미안함 — 창피함
4	질서를 지켰을 때의 느낌	— 뿌듯함 — 착하다는 생각
5	내가 오늘 지킨 질서	— 운동기구 안전 점검 — 환경물에 손대지 않기
6	앞으로의 다짐	— 정해진 장소에서 놀기 — 위험한 놀이 하지 않기

활동 41 | 질서와 공중도덕 지키기

학생들이 거리에서 지켜야 할 질서와 공중도덕을 생각해 보는 활동이다. 이 활동을 통해 학생들이 질서와 공중도덕의 중요성을 알고 지킬 수 있도록 지도한다.

질서와 공중도덕에 관해 다음 표의 빈칸을 채워 봅시다.

거리에서 지켜야 할 질서		순서를 지킨다.
거리에서 지켜야 할 공중도덕		계단을 오르내릴 때 순서를 지키도록 한다.
공공시설 이용 예절	공중전화	순서를 지키고 너무 오랫동안 통화하지 않는다.
	공중화장실	차례를 지키고 화장실 안에서 크게 말하지 않는다.
	공원	바닥에 침을 뱉거나 쓰레기를 버리지 않는다.
평상시 나의 질서 생활은 어떠했나요?		순서를 잘 지킨다.
앞으로의 나의 다짐		질서를 지키고 남에게 피해를 주지 않도록 해야겠다.

6 봉사활동

봉사란 어떤 일을 대가 없이 자발적으로 참여하여 돕는 것을 말한다. 자원봉사에 임하는 사람은 다양한 형태로 보상을 얻는다. 예를 들어, 보람이나 경험 등의 정신적 보상이나 교통비나 식사비 지원 등의 금전적 보상이 있을 수 있다. 또한 취업 또는 진학에 도움이 되는 경력을 쌓기 위한 목적에서 자원봉사를 하기도 한다. 학생들이 할 만한 자원봉사활동은 다음과 같다.

- 아동·청소년: 등·하교 교통지도, 학습지도, 상담, 레크리에이션, 동아리활동 지도 등
- 노인: 말벗, 청소, 목욕 보조, 빨래, 외출 보조 등
- 장애인: 수화, 이미용, 목욕 보조, 외출 보조, 말벗, 상담, 대필, 레크리에이션, 캠프 보조 등
- 소년소녀가장: 1일 부모 되어 주기, 좋은 친구 되어 주기, 학습지도, 독서지도, 상담 등
- 시설 방문: 아동·장애인·노인시설(말벗, 물리치료, 청소, 빨래, 밑반찬 전달, 외출 동행, 자매결연, 야외나들이 동행 등)
- 환경: 캠페인, 쓰레기 줍기, 환경감시활동, 재활용품 수집, 분리수거 활동 등
- 범죄 예방: 학교폭력 감시활동, 유해환경 퇴치활동, 캠페인 등
- 교통: 교통안내, 감시 모니터, 카풀 서비스, 교통안전 캠페인, 교통정리 활동 등
- 문화 예술: 자선전시회, 문화재 보호, 공연 보조, 문화행사 보조, 자선공연, 홍보 캠페인, 전통문화 보존 행사 및 캠페인 등
- 의료: 헌혈, 병원 업무 보조, 환자 위문 등
- 기타: 재활복구지원활동, 공공기관(동사무소, 경찰서, 병원, 우체국, 소방서, 지하철 등) 업무 보조, 농촌봉사활동, 노력봉사 등

활동 42 · 나의 봉사활동

내가 하고 있는 봉사활동을 점검해 보는 활동이다. 이 활동을 통해 학생들이 봉사활동의 중요성을 알고 활동할 수 있도록 지도한다.

내가 예전에 했거나, 지금 하고 있는 봉사활동을 점검해 봅시다.

주제	도서관 책 정리하기			
날짜	2010년 9월 13일 월요일 (오전10시 ~ 오후5시)			
장소	마을 도서관			
한 일	도서관 책장 청소 책 정리하기			
느낀 점	도서관에 가면 책을 보고난 후에 그냥 놓고 왔는데 책 정리하는 시간이 많이 걸렸다. 내가 본 책만 잘 정리해도 많은 시간이 걸리지 않았을 텐데…… 앞으로 책을 읽으면 바로 바로 잘 꽂아 놓겠다고 생각했다. 또한 책을 소중히 여겨 찢거나 낙서하지 말아야겠다고 생각했다.			

평가(매우 잘함: ◎ 잘함: ○ 보통: △)

진실한 마음으로 열심히 하였나요?	나의 활동이 도움이 되었나요?	준비와 정리를 잘 하였나요?	또 하고 싶은가요?
◎	◎	○	○

7 다문화 가정

1980년대 국제결혼이 시작된 이후 1990년대 초부터 본격적으로 국제결혼을 통해 한국으로 이주하는 여성 결혼이민자들이 증가하였다. 이 결과로 다문화 가정도 증가하고 있다. 국제결혼이란 국적이 다른 두 사람의 결합 이상의 의미를 갖는다. 서로 다른 국적을 가진 사람들이 만나서 결합하는 과정이므로, 상이한 두 나라의 문화가 결합하는 과정이기도 한 것이다. 이러한 문화적 결합이 긍정적 효과를 나타내기 위해서는 이질적 문화가 맞부딪히는 데서 오는 충돌과 갈등을 최소화해야 한다.

다문화 가정을 위한 교육은 다음과 같다.

	적응 교육	다문화 교육
언어 영역	한국어 교육	
가정 영역	한국 가정 문화 교육, 부부 교육, 자녀 교육	여성 이민자 출신 국가의 문화 이해를 위한 부부캠프
생활, 예절, 음식	가족 예절 배우기, 생활 문화 적응 교육, 한국 요리 체험	
전통 체험	우리 고장 문화재 탐방, 이주 아동 국내 적응 교육 캠프 프로그램, 한국 문화 체험	다문화 이해
기능 영역	컴퓨터 교실	
지식 영역	한국 문화 및 역사 교육	
심리 영역	가족 카운슬링	
생활 영역	직업 훈련	

활동 43 │ 다문화 가정의 친구를 보면?

✏️ 다문화 가정의 친구를 보면 어떤가를 예측해 보는 활동이다. 이 활동을 통해 학생들이 다문화 가정을 이해할 수 있도록 지도한다.

1 다문화 가정의 친구를 보면 나는 어떤 생각을 합니까?

이상한 시선으로 그 친구를 바라보게 된다.

왠지 불쌍하다는 생각이 든다.

2 왜 그런 생각이 듭니까?

나와 다른 삶을 사는 것이 왠지 힘들고 창피할 것만 같다.

외롭고 불쌍할 것 같다는 생각이 든다.

3 다문화 가정의 친구와 함께 할 수 있는 일은 무엇입니까?

우리말 알려 주기

우리 문화 알려 주기

다문화 가정 출신 친구를 이해하기 위하여 다른 나라의 국기를 그려 보고 그 나라에 대해 알아보는 활동이다. 이 활동을 통해 학생들이 친구의 어머니 또는 아버지의 나라를 이해 하도록 지도한다.

친구의 어머니와 아버지가 태어나신 나라에 대해 알아봅시다.

국가명	중국	정보		국가명	필리핀	정보	
		인구 위치 면적 GNP 특징	13억 명 아시아 동부 9,596,960km² 2,000$ 인구가 많음			인구 위치 면적 GNP 특징	92,681,453명 태평양 300,000km² 1,100$ 섬이 많음
국가명		정보		국가명		정보	
		인구 위치 면적 GNP 특징				인구 위치 면적 GNP 특징	
국가명		정보		국가명		정보	
		인구 위치 면적 GNP 특징				인구 위치 면적 GNP 특징	
국가명		정보		국가명		정보	
		인구 위치 면적 GNP 특징				인구 위치 면적 GNP 특징	

공동체 의식 검사

여러분의 공동체 의식을 검사해 보고자 하니 솔직하게 대답해 주기 바랍니다. 해당 문항이 맞으면 '예'에, 해당 문항이 맞지 않으면 '아니요'에 체크해 주세요.

	나의 공동체 의식은 어느 정도일까요?	예	아니요
1	나는 힘든 친구를 보면 도와주고 싶다.		
2	나는 가난한 사람을 보면 돕고 싶다.		
3	나는 질서를 잘 지키는 편이다.		
4	나는 공중도덕을 잘 지키는 편이다.		
5	나는 다문화 가정의 친구와 친하게 지낸다.		
6	나는 북한 주민이 우리 민족이라고 생각한다.		
7	나는 법규를 준수한다.		
8	나는 봉사활동을 자주 한다.		
9	나는 공동 비품을 아낀다.		
10	나는 우리 학급이 하는 일에 적극 참여한다.		
	'예'에 답한 총 개수 ( )개		

'예'가 체크된 문항에 따라

- 8~10개: A 유형 – 공동체 의식이 높군요.
- 4~7개: B 유형 – 공동체 의식이 조금 있는 편이네요.
- 0~3개: C 유형 – 공동체 의식을 기르기 위해 노력하세요.

[A 유형]
공동체 의식이 강한 학생으로 지속적으로 노력하는 습관을 만들어 주면 된다.

[B 유형]
공동체 의식이 조금 있는 학생으로 '아니요'에 체크한 부분을 주로 보충한다.

[C 유형]
공동체 의식이 상당히 떨어지는 학생으로 공동체 의식을 높이는 방법을 집중적으로 지도한다.

제 6 장

환경 교육

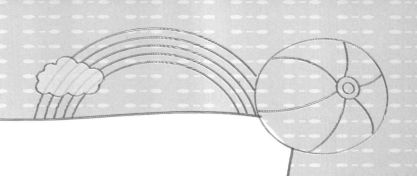

환경 교육		
세부 내용	• 환경 교육에 대한 개념 이해하기 • 올바른 환경보호 습관 갖기	
목표	• 환경 교육의 개념을 알 수 있다. • 환경 교육의 필요성을 설명할 수 있다. • 올바른 환경보호 습관을 익혀 활용할 수 있다.	
단계	교수 · 학습 활동	자료
1 도입단계	• 환경 의식 검사하기 • 환경 교육 조성을 위한 동기유발 −환경 교육이라는 단어를 듣고 떠오르는 생각 말해 보기 −환경 교육의 방법 알아보기	
2 전개단계	• 환경 교육 • 에너지 절약 • 분리수거 • 환경보호 • 음식물 쓰레기 줄이기 • 폐품 재활용	검사지 활동지
3 정리단계	• 학습 소감 발표 −앞으로 환경 교육을 높이기 위해 할 수 있는 방법에 대해 발표하기 −활용 계획 이야기하기	

1 환경 교육

인간은 자연에서 태어나 자연환경을 무대로 살아가고, 또 죽어서는 자연으로 돌아간다. 다시 말해, 인간은 자연환경을 벗어나서는 살 수 없다. 자연환경의 소중함은 아무리 강조해도 지나치지 않다. 인간의 지나친 과학 문명 발달과 산업화의 가속화는 오늘날 심각한 환경문제를 야기하였다. 인구 증가, 도시화, 산업화, 경제성장에 따른 소비 수준의 향상은 환경오염을 더욱더 부채질하고 있다.

이러한 환경의 위기 상황에 대비하여 세계 각국에서는 국제 회의 개최 및 기구 조직, 학회 등을 통하여 환경보호를 위한 노력을 기울이고 있다. 환경문제에 봉착하여 이러한 문제를 해결할 수 있는 방안은 교육에 의한 방법이 가장 기본적이고 필수적이다. 왜냐하면 교육에 의하여 인간과 자연과의 상호 관련성을 이해시키고 환경에 대한 올바른 지식 및 가치관을 기를 수 있기 때문이다. 기본적으로 환경문제는 교육에 의존하지 않을 수 없다.

환경 교육은 환경과 관련한 문제에 대한 식견을 갖고 이러한 문제를 해결하도록 하고 문제 해결을 위해 행동할 수 있도록 동기화된 시민의 양성을 목적으로 한다. 따라서 환경 교육에서는 개인이나 사회가 환경에 대한 책임을 질 수 있는 능력을 높이고, 환경에 대한 기대에 부흥할 수 있게 하는 태도를 기르도록 지도해야 한다.

2 에너지 절약

최근 10년간 우리나라의 에너지 소비는 매년 10%라는 세계 최고 속도의 증가율을 보이고 있으며, 온실가스 배출량 증가율 역시 세계 1위를 기록하고 있다. 우리나라는 여전히 원자력 발전 위주의 에너지정책에서 탈피하지 못하고 오히려 2015년까지 원자력 발전의 비중을 1998년 27.5%에서 34.2%로 늘릴 계획이다. 신재생에너지 개발은 초보단계를 벗어나지 못해 1997년 현재 0.82%에 불과한 신재생에너지 비율을 2%까지 끌어올리겠다고 한 정도다. 앞으로 20년 후면 에너지 수급 불균형, 50년 후에는 거의 고갈 상태가 일어날 것으로 예측하고 있다. 이로 인해 에너지 절약이 시급한 실정이다.

- 전기 에너지 사용량 줄이기
    - TV 시청 시간 줄이기
    - 사용하지 않는 전기 코드 빼기
    - 밝은 날 소등하기
    - 냉난방 자제하기[여름(26~28℃) 겨울(18~20℃)]
    - 불필요한 전등 끄기
    - 정기 검침하여 사용량 기록하기

- 석유 소비량 줄이기
    - 가까운 곳 걸어다니기
    - 승용차로 등·하교하지 않기
    - 대중교통 이용하기

- 물 사용량 줄이기
    - 설거지할 때, 야채·과일 씻을 때 물 받아서 사용하기
    - 세면대와 컵에 물 받아서 사용하기
    - 절수형 샤워헤드 설치하기
    - 양변기에 벽돌을 넣거나 절수기 설치하기
    - 빨래는 모아서 한 번에 세탁하기

활동 45 | 나는 에너지 절약의 달인

에너지의 중요성을 알고 에너지를 절약하는 방법을 알아보는 활동이다. 이 활동을 통해 학생들이 에너지의 중요성을 알고 에너지 절약을 생활화할 수 있도록 지도한다.

에너지 절약을 위한 방법에 어떤 것이 있는지 적어 봅시다.

분류	줄이는 방법
전기 에너지	• 한 콘센트에 여러 개의 플러그를 꽂지 않는다. • 쓰지 않는 기구의 플러그는 빼 놓는다. • 자주 냉장고 문을 열지 않고 청소도 많지 않으면 전기청소기 대신 빗자루를 이용한다.
석유 소비량	• 실내 온도를 낮춘다. • 되도록이면 옷을 더 껴입고 난방 온도를 낮춘다. • 가까운 거리는 걸어 다닌다.
물 사용량	• 물을 틀어 놓은 채 양치하지 않는다. • 한 번 사용한 물은 청소를 하거나 깨끗한 물은 화분에 물을 준다. • 물은 세면대에 받아놓고 세수한다.

또 줄일 수 있는 에너지는?	대체에너지를 만들면?
에어컨을 켰을 때 문을 꼭 닫고, 가능하면 선풍기를 사용한다.	사탕수수, 밀, 옥수수 등의 작물을 발효시켜 차량 등의 연료 첨가제인 바이오에탄올을 만든다.

3 분리수거

　분리수거란 재활용이 가능한 쓰레기 따위를 종류별로 나누어 배출하는 것이다. 분리수거 방법은 다음과 같다.

● 폐지 분리
　－폐지는 오물이나 물에 젖지 않도록 하고 다른 이물질이 섞이지 않도록 한다.
　－신문지는 따로 모아 30cm 정도 높이가 되도록 하여 끈으로 묶어 배출한다.
　－책은 신문지와 같은 방법으로 끈으로 묶어 배출한다.
　－상자류는 납작하게 부피를 줄인 후 끈으로 묶어 배출한다.
　－우유팩은 내용물을 비운 후 양옆을 납작하게 눌러 우유팩에 5~6개씩 넣어 배출한다.
　－플라스틱 용기는 내용물을 깨끗이 비우고 다른 재질로 된 뚜껑이나 부착상표를 제거한 후 배출한다.
　－스티로폼은 내용물을 완전히 비운 후 배출한다.

● 캔 분리
　－알루미늄 캔은 내용물을 완전히 비운 후 납작하게 눌러서 배출한다.
　－캔은 내용물을 완전히 비운 후 배출한다.
　－부탄가스 용기는 구멍을 뚫은 후 납작하게 눌러서 배출한다.

● 유리병 분리
　－유리병은 깨지지 않는 한 회수하여 새로운 용기로 재사용하는 등 재활용한다.
　－플라스틱이나 알루미늄 등 재질이 다른 뚜껑 부분은 제거하고 내용물을 깨끗이 비운 후 배출한다.
　－판유리나 형광등, 백열등, 거울 등은 재활용되지 않으므로 폐기 처리한다.

활동 46 | 나는 분리수거의 달인

쓰레기를 분리수거하는 방법을 알아보는 활동이다. 이 활동을 통해 학생들이 분리수거의 중요성을 알고 생활화할 수 있도록 지도한다.

쓰레기를 어떻게 분리수거하는지 그 방법을 적어 봅시다.

분류	분리수거 방법
폐지	• 깨끗하게 접어서 모아 둔다. • • •
캔류	• 안에 있는 내용물을 물로 씻거나 깨끗하게 한 후 분리한다. • • •
병류	• 안에 있는 내용물을 물로 씻거나 깨끗하게 한 후 분리한다. • • •

분리수거의 필요성	분리수거를 하지 않으면?
재활용품을 잘 구분해서 분리해 두면 그것들을 다시 재사용하거나 다른 것으로 대체하여 쓸 수 있게 된다. 주변 정리에도 큰 도움이 된다.	여러 가지 재활용품이 뒤섞여서 쓸 수 없게 되고 주변 환경도 지저분해진다.

4 환경보호

　인간은 환경으로부터 많은 이익을 얻고 있는데 경제적으로 풍요로운 생활을 하기 위해 대기, 해양, 토양 등 지구의 자연환경을 이용하거나 개발하고 있다. 그러나 지나친 이용과 개발 때문에 환경이 파괴되어 생태계의 균형이 깨지고, 인간이 피해를 입고 있다. 환경을 보존하는 것은 인류의 생존이 걸린 문제이기에 매우 중요하다.

　대표적인 환경보호단체는 다음과 같다.

● 경제정의실천시민연합

　'경실련'이라고도 하며 초기에는 경제문제를 주로 다루었으나 점차 목표가 확대되면서 경제정의, 환경 개발, 통일 등 사회문제에 대한 정책대안과 활동 등을 벌인다.

● 소비자 문제를 연구하는 시민의 모임

　소비자 상담, 에너지 및 환경정책 조사연구, 여성문제, 교육자료 간행, 상담 서비스 등을 하는 시민단체다. 상수원 보호, 그린포장 등 포장 재료나 에너지 효율 등급 표시제를 통한 환경운동 등을 하고 있다.

● 환경정의시민연대

　모든 사람의 평등한 환경권을 추구하는 운동을 진행하고 환경정책자료와 시민참여마당을 제공한다. 철새 서식지 보호, 그린벨트 해제 반대, 토지정의운동, 에너지 대기운동, 생명의 물 살리기 운동을 벌이고 있다.

● 쓰레기 문제 해결을 위한 시민운동협의회

　유해산업폐기물 문제, 쓰레기의 소각과 매립, 음식물 쓰레기의 감량과 자원화, 재사용과 재활용 문제를 다루며 녹색가게 재활용센터를 운영하고 있다.

● 어린이 환경위원회

　가정, 학교, 놀이터 등 어린이 생활공간과 식품, 의약품, 장난감 등 어린이가 사용하는 각종 기기와 사물에 있는 유해물질로부터 어린이를 보호하고자 하는 경실련 산하 단체다.

활동 47 | 환경보호 실천하기

학생들이 매달 환경보호 활동을 얼마나 했는가를 평가하는 활동이다. 이 활동을 통해 학생들이 환경보호의 중요성을 알고 실천할 수 있도록 지도한다.

내가 매달 환경보호를 잘 실천하고 있는지 평가해 봅시다.

순서	내용	3	4	5	6	7	8	9	10	11	12	1	2	계
1월	휴지, 껌 아무데나 버리지 않기	○	○	△	○	△	○	○	○	○	△	○	○	
2월	쓰레기 분리수거하기	△	△	○	△	○	○	○	○	△	○	△	△	
3월	스스로 휴지 줍기	○	△	○	△	△	○	×	○	△	○	△	△	
4월	소풍 시 쓰레기 되가져오기	○	×	×	○	○	×	×	○	×	○	△	○	
5월	합성세제 사용하지 않기	△	○	△	×	×	○	△	○	×	○	△	△	
6월	일회용품 사용하지 않기	△	△	×	○	○	○	○	○	○	○	○	○	
7월	재활용품 사용하기	△	△	△	○	○	○	△	○	○	○	○	○	
8월	스프레이 사용 안 하기	○	○	△	△	×	○	△	×	△	○	△	△	
9월	동식물 사랑하고 아끼기	○	○	○	△	○	○	×	○	△	△	△	○	
10월	함부로 태우지 않기	○	△	○	○	×	△		△	○	○	○	○	
11월	수돗물 아껴쓰기	△	△	○	△	○	○	×	△	○	△	△	○	
12월	전기 아껴쓰기	△	○	○	△	△	×	○	△	○	○	○	○	
얼마나 잘 실천하였나? ○: 잘 실천함 △: 보통 ×: 잘 실천하지 않음	○	6	5	5	5	8	7	3	7	4	9	5	7	
	△	6	6	5	6	1	3	3	4	6	7	7	5	
	×	0	1	2	1	3	2	6	1	2	0	0	0	
	확인													

활동 48 | 환경보호 실천일지 쓰기

✏️ 학생들이 환경보호에 대한 실천 주제를 정하고 그에 따라 어떻게 실천했는가를 기록하는 활동이다. 이 활동을 통해 학생들이 환경보호의 필요성을 알고 지속적으로 실천할 수 있도록 지도한다.

환경을 보호하기 위한 주제를 정하고, 그에 따른 실천을 한 뒤 실천일지를 작성해 봅시다.

환경보호 실천일	2011 년 ○ 월 ○○ 일 ○ 요일		실천 장소	집
실천 주제	일회용품 사용을 줄이자.			
실천 사례	요즘 집에서 쓰는 생활용품들을 보면 일회용품이 대부분이다. 종이컵, 나무젓가락, 심지어는 물병도 모두 일회용이다. 그래서 먹고 난후 분리수거를 할 때 보면 쓰레기 중에 일회용품이 굉장히 많은 것을 볼 수 있다. 우리 집에서 일회용품을 되도록 이면 쓰지 않기로 했다. 세제도 되도록 용기에 따라 쓰고 물도 끓여 먹는다. 종이도 되도록 이면지를 활용하여 낭비를 줄이도록 했다. 어느 순간 우리 집에는 쓰레기양이 반으로 줄어들었고 물건도 아껴 쓰다 보니 생활비도 줄어들었다고 엄마가 말씀하셨다. 환경보호에도 많은 도움이 되었을 거라고 생각한다.			
실천 소감	일회용품을 적게 쓰니 환경보호에도 도움이 되고 가정생활에도 많은 이점이 있었다.			

활동 49 | 나는 환경 파수꾼

✏️ 학생들이 집에서 나오는 쓰레기에 대해 이해하고 쓰레기를 줄이기 위한 방법을 생각하는 활동이다. 이 활동을 통해 학생들이 환경보호의 필요성을 알고 지속적으로 할 수 있도록 지도한다.

① 우리 집에서 나오는 쓰레기의 종류와 처리 과정을 알아봅시다.

쓰레기의 종류	처리 과정
일반 쓰레기	분리수거 할 것들을 따로 나눈 뒤에 나머지만 쓰레기봉투에 넣는다.
음식물 쓰레기	물기를 꼭 짠 다음 음식물 수거통에 넣는다.
재활용 쓰레기	재활용통에 분리해서 넣는다.

② 가장 많이 나오는 쓰레기는 무엇입니까?

재활용 쓰레기

③ 재활용이 가능한 쓰레기는 무엇입니까?

음료수 캔, 플라스틱 용기, 종이류(박스), 유리병

④ 쓰레기를 줄이는 방법은 무엇입니까?

분리수거를 하고 최대한 부피를 줄여 넣는다.

5 음식물 쓰레기 줄이기

음식물 쓰레기는 음식물을 조리하는 과정에서 나오는 쓰레기뿐 아니라 먹고 남긴 음식물도 포함한다. 음식물 쓰레기는 자원 낭비와 환경오염 문제를 일으킨다. 음식물 쓰레기를 줄이는 방법은 다음과 같다.

- 장보기 전에 미리 3~7일치 식단을 계획한다.
- 장보러 나가기 직전에 냉장고의 남은 재료를 확인한다.
- 필요한 식품 종류와 분량을 적어서 장을 보러 간다.
- 한 달에 한 번은 냉장고 청소를 한다.
- 필요한 재료를 필요한 양만큼만 구입한다.
- 저장할 수 있는 기간을 고려하여 구입한다.
- 한끼에 먹을 분량만 조리한다.
- 남아 있는 재료를 활용하여 조리한다.
- 가족의 식사량을 고려하여 조리한다.
- 식품 구입 시 신선도가 높은 식품을 선택한다.
- 음식물 쓰레기는 물기를 최대한 제거한 후 분리 배출한다.
- 소형 반찬그릇을 마련하여 남겨 버리는 반찬이 없도록 한다.
- 음식점에서 먹고 남은 음식을 포장하여 가지고 온다.

활동 50 | 음식물 쓰레기를 줄이자

학생들이 집에서 나오는 음식물 쓰레기를 줄이기 위한 방법을 생각하는 활동이다. 이 활동을 통해 학생들이 음식물 쓰레기를 줄이는 방법을 알고 지속적으로 활용할 수 있도록 지도한다.

① 우리 집에서 나오는 음식물 쓰레기의 종류와 처리 과정을 알아봅시다.

종류	처리 과정
신문, 우유곽, 플라스틱 용기	분리수거할 것을 따로 나눈 뒤에 나머지만 쓰레기봉투에 넣는다.
일반 쓰레기 (버릴 것)	분리수거할 것을 따로 나눈 뒤에 나머지만 쓰레기봉투에 넣는다.
음식물 쓰레기	물기를 꼭 짠 다음 음식물 쓰레기 수거통에 넣는다.

② 가장 많이 나오는 음식물 쓰레기는 무엇입니까?

재활용 쓰레기

③ 음식물 쓰레기를 줄이는 방법은 무엇입니까?

음료수 캔, 플라스틱 용기, 종이류(박스), 유리병 등 분리수거를 하고 최대한 부피를 줄여 넣는다.

6 폐품 재활용

가정에서 나오는 폐품 중에는 헌옷, 잡지, 포장지, 전단지, 비닐, 가구, 가전제품, 금속 용기 등 재활용할 수 있는 것들이 많다. 폐품을 재활용하는 방법은 다음과 같다.

- 폐품을 이용하여 필요한 물건이나 장난감을 만든다.
- 헌옷을 깨끗이 빨아 물려주거나 물려 입는다.
- 종이, 헌옷, 폐휴지, 빈 병, 플라스틱, 각종 쇠붙이 등은 분리수거하여 재활용한다.
- 남은 비누 조각 등은 버리지 말고 모아서 재활용한다.
- 폐식용유를 모아 빨랫비누를 만들어 쓴다.
- 폐건전지를 모아 따로 처리하여 환경오염을 막는다.
- 빈 병을 수거할 때는 병과 뚜껑을 분리한다.

활동 51 · 나는 재활용의 달인

재활용의 중요성을 알고 재활용하는 방법을 알아보는 활동이다. 이 활동을 통해 학생들이 재활용의 중요성을 알고 생활화할 수 있도록 지도한다.

① 내가 할 수 있는 쓰레기 재활용 방법을 생각해 봅시다.

분류	종류	재활용 방법
폐지	신문 박스 우유곽	내부를 물로 깨끗하게 씻어 말린 후 잘 펴서 접어 놓는다.
병류	유리병 음료수병 기름병	내부를 물로 깨끗하게 씻어 말린다.
캔류	음료수 캔 참치캔	내부를 물로 깨끗하게 씻어 말린다.
플라스틱류	일회용품 음료수 용기	내부를 물로 깨끗하게 씻어 말린다.
음식물	채소 과일껍질 음식물 찌꺼기	물기를 꼭 짜서 음식물 쓰레기 수거통에 넣는다.

② 쓰레기를 줄이기 위해 우리가 재활용할 수 있는 일을 생각해 봅시다.

학교에서	집에서
종이류, 병류, 캔류 구분하여 분리수거를 한다. 이면지를 적극적으로 활용한다.	종이류, 병류, 캔류 구분하여 분리수거를 한다. 이면지를 적극적으로 활용한다.

환경 의식 검사

여러분의 환경 의식을 검사해 보고자 하니 솔직하게 대답해 주기 바랍니다. 해당 문항이 맞으면 '예'에, 해당 문항이 맞지 않으면 '아니요'에 체크해 주세요.

	나의 환경 의식은 어느 정도일까요?	예	아니요
1	나는 전기를 아껴쓴다.		
2	나는 수돗물을 절약한다.		
3	나는 캔을 분리해서 버린다.		
4	나는 쓰레기를 분리해서 버린다.		
5	나는 음식을 남기지 않는다.		
6	나는 환경의 중요성을 알고 있다.		
7	나는 쓰레기를 아무데나 버리지 않는다.		
8	나는 에너지의 중요성을 알고 있다.		
9	나는 환경보호를 하고 있다.		
10	나는 재활용을 잘하고 있다.		
'예'에 답한 총 개수 ( )개			

'예'가 체크된 문항에 따라

- 8~10개: A 유형 – 환경 의식이 높군요.
- 4~7개: B 유형 – 환경 의식이 조금 있는 편이네요.
- 0~3개: C 유형 – 환경 의식을 기르기 위해 노력하세요.

[A 유형]
환경 의식이 강한 학생으로 지속적으로 노력하는 습관을 만들어 준다.

[B 유형]
환경 의식이 조금 있는 학생으로 '아니요'에 체크한 부분을 주로 보충한다.

[C 유형]
환경 의식이 상당히 떨어지는 학생으로 환경 의식을 높이는 방법을 집중적으로 지도한다.

제 7 장

경제 교육

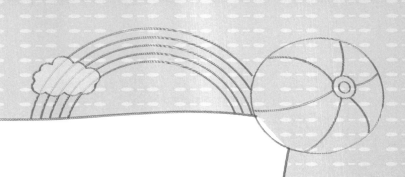

경제 교육		
세부 내용	• 경제 교육에 대한 개념 이해하기 • 올바른 소비습관 형성 방법 알기	
목표	• 경제 교육의 개념을 알 수 있다. • 경제 교육의 필요성을 설명할 수 있다. • 올바른 소비 습관을 익혀 활용할 수 있다.	
단계	**교수 · 학습 활동**	**자료**
1 도입단계	• 경제 교육에 대한 동기유발 　－경제 교육이라는 단어를 듣고 떠오르는 생각 말해 보기 　－경제 교육의 방법 알아보기	
2 전개단계	• 경제 교육 • 용돈 절약 • 소비자 교육 • 학용품 절약	검사지 활동지
3 정리단계	• 학습 소감 발표 　－앞으로 경제 관념을 높이기 위해 할 수 있는 방법에 대해 발표하기 　－활용 계획 이야기하기	

1 경제 교육

현대인은 경제발전으로 인해 물질적으로 안정된 생활을 하게 되었지만 그와 동시에 급속하고도 복잡한 사회 변동도 경험하게 되었다. 이러한 변화에 대처할 가치관을 확립하고 현명하게 변화에 적응해 나간다는 것은 쉬운 일이 아니다. 오늘날의 고도로 복잡한 경제문제는 직감적인 지혜로는 도저히 해결할 수 없는 것이다. 따라서 자본주의 사장경제체제에 기반한 국가의 시민이라면 누구나 경제생활에 필요한 소양을 쌓고 경제문제를 합리적으로 해결해 나가기 위한 경제 교육이 필요하다.

경제 교육은 학생들에게 일상생활에 접하는 경제 현상이나 문제에 대해 합리적으로 해결할 수 있는 경제 이해력, 즉 경제의 기본 개념 및 경제적 사고방식과 경제윤리를 습득하도록 도와주는 교육이라고 말할 수 있다.

따라서 경제 교육은 단순히 경제 지식을 전달하거나 돈 버는 방법을 알려 주는 교육이 아니라, 사회과 교육의 일환으로서 합리적인 경제생활을 할 수 있는 능력을 키워 주는 방향으로 이루어져야 한다.

2 용돈 절약

학생들이 돈의 중요성을 알고 용돈을 절약하는 습관을 들이는 것은 성인이 되어서도 합리적인 경제생활을 하는 습관을 만들어 준다. 용돈의 사용 기록표를 작성하여 용돈의 중요성을 알게 하고, 저축하는 돈을 계산하게 하여 저축의 중요성을 알게 하는 것이 좋다. 용돈을 아껴쓰는 방법은 다음과 같다.

- 꼭 필요한 물건만 사기
- 돈을 많이 지니고 다니지 않기
- 용돈 사용 기록표에 기록하기
- 가지고 있는 물건을 아껴쓰고 지출 줄이기
- 적은 액수라도 저축하기

학생들이 자신의 용돈에 대한 중요성을 알고 용돈을 아껴쓰게 하는 활동이다. 이를 통해 학생들이 자신의 용돈 사용을 돌아보고 저축의 필요성을 느끼도록 지도한다.

일주일 동안 내가 해 온 경제생활에 관해 생각하며 적어 봅시다.

일주일 용돈	소비한 돈
만 원	7천 원
사고 싶은 것	**실제로 산 것**
연필, 볼펜, 노트, 책	볼펜, 노트
실제 가지고 있는 돈	**저축한 돈**
만 오천 원	3만 원
돈이 많으면 하고 싶은 일	**돈을 벌려면 어떻게 해야 하는가?**
여행	용돈을 모아 저축하거나, 아르바이트를 한다.

활동 53 | 나만의 화폐 그리기

✏️ 학생들이 자신만의 화폐를 그려 보면서 돈의 중요성과 기능을 깨닫도록 하는 활동이다. 이를 통해 학생들이 돈의 소중함을 느끼도록 지도한다.

내가 돈을 만든다면 어떤 모습으로 만들지 생각해서 그려 보고, 그 이유를 적어 봅시다.

앞면	
뒷면	
그린 이유	

3 소비자 교육

우리나라의 소비자보호법에서는 소비자의 역할을 강조하고 있다. 소비자는 스스로의 안전과 권익을 향상시키기 위하여 필요한 지식을 습득하는 동시에 자주적이고 성실한 소비 행위를 함으로써 소비생활의 향상과 합리화에 적극적인 역할을 다하여야 한다고 규정하고 있다. 소비자의 권리만 중요한 것이 아니며 여기에 따르는 책임도 똑같이 중요하다는 취지다. 민주시민으로서의 책임 의식은 곧 소비자의 책임 의식이다.

학생들을 대상으로 하는 소비자 교육은 건전한 소비자로서 지식, 기능, 태도를 습득하는 데 필요한 기초적 수준의 소비 관련 생활경험과 절약정신을 지도하는 것으로 이루어져야 한다.

알뜰시장을 운영하여 얻은 수익금으로 우리 주변의 불우이웃을 돕는다. 알뜰시장에서 거래할 수 있는 물건으로는 생활용품, 학용품, 의류, 장난감, 동화책 등이 있다. 이러한 물건은 취지를 충분히 설명하여 학생들이 자발적으로 기부할 수 있도록 한다. 물건이 모이면 물건 진열 방법을 결정하고, 가격표를 만들어 붙이고 전시한다. 학생들은 알뜰시장을 돌며 필요한 물건을 구입하고 판매 대금을 모금함에 모은다. 알뜰시장을 종료한 후 수익금을 조사하고, 판매되지 못한 물건은 원 기탁자에게 돌려준다. 수익금은 고아원, 양로원, 해당 아동에게 전달한다. 이에 대한 정리 및 반성의 시간을 갖는다. 불우한 이웃을 지원하고 바람직한 경제 의식을 함양하도록 지도한다.

1 신문에서 알뜰시장이나 재활용품 전시와 관련되는 기사를 찾아봅시다.

> 수원시 권선구(구청장 이광인)는 오는 13일부터 15일까지 추석 명절을 앞두고 이웃돕기 기금 마련을 위해 '권선 사랑의 가게'에 보관·판매 중인 재활용품을 특별 할인 판매한다고 7일 밝혔다.
>
> 기증받은 양복 1천 여 점과 점퍼, 각종 생활용품을 구청 주차장에서 전시·판매하며, 판매가격은 100원부터 1천 원까지로 매장 내 판매가격보다 최고 50% 이상 할인된 가격으로 판매할 예정이다.
>
> "민족의 대명절 한가위를 앞두고 기존 재활용품의 이미지를 탈피한 질 좋고 저렴한 가격의 제품을 판매할 예정으로 많은 분들이 참여해 주길 바란다"며 "이번 특판 기간 동안 거둬들인 수익금도 이웃돕기 성금으로 기탁해 우리 주변의 이웃들을 위해 사용할 예정"이라고 말했다.
>
> <경인일보>

2 내가 가지고 있는 물건 중에서 알뜰시장에 내놓고 싶은 물건을 찾아 가격을 정해 봅시다. (가격은 1,000원을 넘지 않도록 합니다.)

순위	물건	가격
1	여름 티셔츠	90원
2	양말	500원
3	손수건	300원
4	핸드폰 고리	700원

3 내가 알뜰시장에서 사고 싶은 물건은 무엇인지 생각해 봅시다.

가방, 옷

4 알뜰시장을 체험하면서 느낀 점을 적어 봅시다.

꼭 필요한 물건을 적은 돈으로 살 수 있어 좋았고, 내게 꼭 필요한 물건만 사야겠다고 생각했다.

4 학용품 절약

학용품을 아껴쓰기 위해서는 주인 의식을 길러야 한다. 내가 가지고 있는 물건은 내가 아끼려고 할 때 가치 있다는 것을 깨닫게 해야 한다. 학용품을 아껴쓰기 위해서는 자신의 학용품에 이름을 쓰고, 잃어버렸을 때 찾으려 노력해야 하며, 무엇보다 소중히 다루어 사용할 수 있을 때까지 쓰도록 지도해야 한다.

● 연필 아껴쓰는 방법
  −너무 길게 깎지 않는다.
  −떨어뜨리거나 던지지 않는다.

● 공책 아껴쓰는 방법
  −첫 장부터 끝까지 쓴다.
  −찢지 않는다.
  −낙서하지 않는다.
  −빈 곳이 없도록 쓴다.

● 크레파스 아껴쓰기
  −부러뜨리지 않는다.
  −반드시 이름을 쓴다.

● 자 아껴쓰는 방법
  −부러뜨리지 않는다.
  −눈금이 지워지지 않도록 한다.

활동 55 | **학용품 아껴쓰기**

학생들이 사용하는 학용품에 대한 주인 의식을 가지고 아껴쓸 수 있도록 하는 활동이다. 학생들이 사용하는 학용품을 아끼는 방법이 무엇인지 찾도록 지도한다.

내가 가지고 있는 학용품을 아껴쓰는 방법에 관해 생각해 봅시다.

내가 가지고 있는 학용품	연필, 자, 지우개, 싸인펜, 필통, 노트, 볼펜, 칼, 수정액, 가위, 풀
내가 아는 연필 아껴쓰는 방법	되도록 부러지지 않도록 사용하고 작아진 연필은 볼펜통에 끼워서 사용한다.
내가 아는 공책 아껴쓰는 방법	빈 공간을 잘 활용하여 사용하고 남은 종이는 이면지로 다시 사용한다.
내가 아는 물감 아껴쓰는 방법	딱딱하게 굳지 않도록 뚜껑을 닫아 놓고 끝까지 잘 짜서 사용한다.
내가 아는 크레파스 아껴쓰는 방법	부러지지 않도록 너무 눌러쓰지 않는다.
아껴쓰면 좋은 이유	아껴쓰면 돈의 낭비를 줄일 수 있다.

학생들이 경제에 대한 상식을 높이기 위해 하는 활동이다. 이를 통해 학생들이 경제에 대한 상식을 높일 수 있도록 지도한다.

〈가로 열쇠〉와 〈세로 열쇠〉를 활용하여 퍼즐을 풀어 봅시다.

1		2	3		4		
15			5				
7			6				
							9
			8	12			10
		13					
	14					11	

〈가로 열쇠〉

1. 일정한 돈을 내고 다른 사람의 부동산을 빌려쓰는 것. 사용 기간이 끝나면 부동산을 반환하고 돈을 돌려받는다.
2. 세계 경제의 중심 국가 중 하나. 국제 금융의 심장부인 월스트리트가 이 나라에 있다.
5. 가축의 젖(주로 우유)을 가공해 제품화한 것을 이르는 총칭. 치즈, 버터, 요구르트 등이 대표적이다.
7. 어떤 나라가 일정한 기간(보통 1년) 동안 다른 나라와 수출입 등으로 상품거래를 하면서 주고받는 금전관계를 정리한 것이다.
8. 프랑스어로 은행과 보험의 합성어. 은행이 보험회사와 연계해 보험 상품을 개발해 판매하는 것으로 최근 국내에도 도입되었다.
11. 어떤 사실을 증명하는 문서. 또는 권리 의무 관계를 증명한 문서를 말한다.
14. 아파트의 기능을 갖춘 사무실이다.

〈세로열쇠〉

3. 국가 소유의 땅을 의미한다.

4. 액면에 쓰여진 금액만큼의 상품과 교환할 수 있는 유가증권. 백화점이나 서점, 영화관 등에서 널리 사용할 수 있다.

6. 일부 지역에서만 시청이 가능한 방송으로 국내 어디서나 볼 수 있는 전국 방송과 대비되는 개념이다.

9. 유로화로 전환하기 이전에 사용하던 프랑스의 화폐단위.

10. 행사, 자선사업 따위에 기부금을 내어 돕는 이나 방송 프로그램의 광고주를 이르는 말이다.

12. 같은 업종에 속한 기업이 경쟁 완화를 통한 이윤 증대를 위해 만든 일종의 기업연합을 말한다.

13. 도시에 살면서 지적인 전문직에 종사하는 젊은 인텔리를 이르는 말. 젊은(young), 도시의(urban), 전문직(professionals)의 머리글자를 딴 말에서 나왔다.

15. 은행에서 금전 출납이나 거래 내용 따위를 간단히 적어 그 책임 소재를 밝히는 데 쓰이는 종이 쪽지다.

[정답]

전	세	미	국		상		
표			유	제	품		
무	역	수	지		권		
			역				프
			민				랑
			방	카	슈	랑	스
		여		르			폰
	오	띠	스	텔		증	서

경제 의식 검사

여러분의 경제 의식 정도를 검사해 보고자 하니 솔직하게 대답해 주기 바랍니다. 해당 문항이 맞으면 '예'에, 해당 문항이 맞지 않으면 '아니요'에 체크해 주세요.

	나의 경제 의식은 어느 정도일까요?	예	아니요
1	나는 돈의 중요성을 알고 있다.		
2	돈을 벌기 위해서는 열심히 노력해야 한다.		
3	나는 용돈을 관리할 줄 안다.		
4	나는 저축을 하고 있다.		
5	나는 충동구매를 하지 않는다.		
6	나는 학용품을 아껴쓴다.		
7	나는 물건을 사고팔 줄 안다.		
8	나는 모든 것을 아껴쓴다.		
9	나는 돈을 많이 가지고 다니지 않는다.		
10	나는 경제 상식을 많이 알고 있다.		
'예'에 답한 총 개수 ( )개			

'예'가 체크된 문항에 따라

- 8~10개: A 유형-경제 의식이 높군요.
- 4~7개: B 유형-경제 의식이 조금 있는 편이네요.
- 0~3개: C 유형-경제 의식을 기르기 위해 노력하세요.

[A 유형]
경제 의식이 강한 학생으로 지속적으로 노력하는 습관을 만들어 준다.

[B 유형]
경제 의식이 조금 있는 학생으로 '아니요'에 체크한 부분을 보충한다.

[C 유형]
경제 의식이 상당히 떨어지는 학생으로 경제 의식을 높이는 방법을 집중적으로 지도한다.

MEMO

제 8 장

건강안전 교육

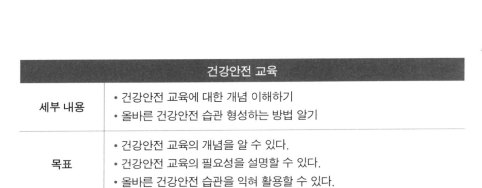

건강안전 교육		
세부 내용	• 건강안전 교육에 대한 개념 이해하기 • 올바른 건강안전 습관 형성하는 방법 알기	
목표	• 건강안전 교육의 개념을 알 수 있다. • 건강안전 교육의 필요성을 설명할 수 있다. • 올바른 건강안전 습관을 익혀 활용할 수 있다.	
단계	**교수 · 학습 활동**	**자료**
1 도입단계	• 건강안전 교육 조성을 위한 동기유발 　－건강안전 교육이라는 단어를 듣고 떠오르는 생각 말해 　　보기 　－건강안전 교육의 방법 알아보기	
2 전개단계	• 건강 교육 • 신체 청결 • 안전 교육 • 교통안전 • 화재 예방과 화재 시 대처 요령	검사지 활동지
3 정리단계	• 학습 소감 발표 　－앞으로 건강안전 교육을 높이기 위해 할 수 있는 방법에 　　대해 발표하기 　－활용 계획 이야기하기	

1 건강 교육

세계보건기구(WHO)는 건강이란 "질병이 없거나 허약하지 않은 것만 말하는 것이 아니라 신체적, 정신적, 사회적으로 완전히 안녕한 상태에 놓여 있는 것"이라고 정의하고 있다. 과거에는 건강이 육체적, 정신적으로 질병이나 이상이 없고 개인적으로 정상적인 생활을 영위할 수 있는 신체 상태를 의미하였으나, 오늘날에는 개인이 사회생활에 의존하는 경향이 커짐에 따라 건강을 하나의 기본권적 개념으로 보고 있다. 특히 아동기 건강은 성인이 된 후에도 큰 영향을 미치므로 건강에 중요성과 건강한 생활을 영위할 수 있도록 지도해야 한다.

2 신체 청결

우리가 몸을 깨끗이 해야 하는 것은 몸에 병이 생기는 것을 막고, 스스로 쾌적한 느낌을 가질 수 있으며, 다른 사람들에게 좋은 인상을 주기 위해서다. 몸이 청결하지 않으면 사람들이 피하며, 나쁜 병이 생기기도 한다. 기본적인 신체 청결 방법은 다음과 같다.

- 몸을 깨끗하게 하는 방법
  - 손발을 깨끗이 한다.
  - 세수할 때 얼굴과 목을 깨끗하게 닦는다.
  - 목욕을 자주 한다.
  - 손톱과 발톱을 자주 깎는다.

- 손과 발을 깨끗이 하는 방법
  - 밖에서 돌아와 씻기
  - 용변을 보고 난 뒤 손 씻기

- 비누를 사용하여 씻기

● 이 닦는 방법

- 하루 세 번 식사 후 윗니는 아래로, 아랫니는 위로 쓸듯 3분 정도 닦기

● 손 씻는 방법

- 손에 물을 묻힌 다음 비누를 손에 문지른다.
- 거품을 내어 손바닥, 손등, 손목 위 5cm 정도까지 비누를 칠한다.
- 손바닥과 손등을 비비며 문지른다.
- 손톱 사이사이를 깨끗이 닦는다.
- 흐르는 물로 헹군다.
- 수건으로 물기를 닦는다.

● 머리 감는 방법

- 물을 틀어 미지근한 물로 머리를 적신다.
- 샴푸를 손바닥에 짜서 머리 위에 골고루 묻히고 손가락 끝에 힘을 주어 마사지한다.
- 맑은 물이 나올 때까지 흐르는 물로 헹군다.
- 린스도 샴푸하는 방법처럼 한다.
- 마지막으로 차가운 물에 손을 헹구고 머리를 건조시킨다.

활동 57 | 내 몸 깨끗이 하기

학생들이 자신의 몸에 대해 주인 의식을 느끼고 깨끗하게 하는 활동이다. 이를 통해 학생들이 자신의 몸을 깨끗하게 하는 방법이 무엇인지 찾도록 지도한다.

내 몸을 청결하게 유지하는 이유와 그 방법에 관해 생각해 봅시다.

몸을 깨끗이 해야 하는 이유	병이 걸리지 않고 친구들에게 좋은 인상을 주기 위해서다.
손과 발을 깨끗이 하는 방법	밖에서 돌아온 후 손과 발을 깨끗하게 씻는다.
목욕하는 방법	밖에서 돌아온 후 이곳저곳 깨끗하게 비누칠하여 씻는다.
몸을 깨끗하게 하는 방법	손은 수시로 닦고, 목욕을 자주하며, 하루 세 번 식사 후 이를 닦는다.
이 닦는 방법	위에서 아래로 3분 이상 닦는다.

활동 58	건강한 나의 몸

학생들이 건강의 중요성을 깨닫고 건강한 생활을 실천하도록 하기 위한 활동이다. 이를 통해 학생들이 자신의 건강을 지키는 방법이 무엇인지 찾아 실천하도록 지도한다.

나의 몸을 건강하게 유지하는 방법을 찾아 실천을 다짐해 봅시다.

몸이 아파서 병원에 갔던 일	작년 여름
어디가 아파서 갔나요?	배가 아파서
진료 후 의사 선생님 말씀	규칙적으로 식사를 하라고 말씀하셨다.
나의 다짐	앞으로 규칙적으로 밥을 먹고 폭식하지 않겠다.
건강한 생활을 하기 위해 지킬 일	① 아침: 아침 식사 꼭 하기 ② 낮: 운동하기 ③ 저녁: 저녁 식사 너무 늦지 않게 하기

건강한 삶을 위한 자료 모으기(사진, 기사, 그림)

'내가 정말 알아야 할 것은 밥상머리에서 다 배웠다.'

어른과 아이들이 뭔가에 함께 열중하기란 여간 어려운 일이 아니다. 특히 현대 도시사회에서 가족 구성원들이 매일 일정 시간을 빼기란 그리 녹록치 않다. 함께 밥을 먹는 식사시간은 그래서 중요하다. 식탁에 둘러 앉아 음식을 먹으며 대화를 나누는 것은 식구(食口) 간의 정겨움을 확인하는 자리일 뿐 아니라 부모가 자녀들에게 뭔가를 가르쳐 줄 수 있는 학교이기도 하다. 대화가 오가는 '밥상머리'는 갈수록 귀한 가정교육의 수업 시간인 셈이다.

1교시는 우선 '사회 시간'이다. 자녀가 친구와 무엇을 하고 노는지, 또 학교생활은 어떤지 묻고 조언해 주는 동안 사회화되어 간다. 2교시는 '생물 시간'이다. 이 나물(혹은 생선)의 이름은 무엇인지, 언제 많이 나는지는 물론 칼슘이 많이 함유되어 있어서 많이 먹으면 키가 큰다는 이야기 등 음식과 관련된 이야기를 재미나게 해 준다면 몇 달만 지나도 학습 수준이 이미 교과서를 뛰어넘는다. 마찬가지로 주제로 3교시 '지리 수업'도 가능하다. 맛있는 조기는 연평도를 중심으로 한 서해안에서 나고, 오징어는 동해안 울릉도 부근이 유명하다는 식이다.

때에 따라 경제도 배울 수 있고, 음식 이름으로는 국어와 외국어도 배울 수 있는 교실이 밥상머리지만 가장 중요한 것은 4교시 '윤리 시간'이 아닐까 한다. 잘못된 식습관을 고치고, 식사예절도 가르칠 수 있기 때문이다. 가정에서부터 잘못 배운 식사예절은 자녀들의 미래 사회생활에 지장을 줄 수도 있다.

〈스포츠서울〉

학생들이 건강한 생활을 하기 위하여 건강과 관련한 상식이 얼마나 되는가를 알기 위해서 작성하는 활동이다. 학생들이 건강한 생활에 대한 지식을 습득하고 습관화하도록 지도한다.

1 건강해지기 위해서 운동은 어떻게 해야 합니까?

규칙적으로 꾸준히 해야 한다.

2 불량식품을 골라내는 기준은 무엇입니까?

식품 구성 성분표를 보고 확인한다.

3 편식의 문제는 무엇입니까?

내가 좋아하는 음식만 먹게 되어 영양분을 골고루 섭취하지 못하게 된다.

4 밥이 건강에 좋은 이유는 무엇입니까?

에너지를 내는 음식이다.

5 아동비만이 생기는 이유와 그것이 심각한 원인은 무엇입니까?

많은 열량을 섭취하는데 비해 소비량이 적기 때문에 비만의 원인이 되고, 이런 비만으로 생기는

질병 때문에 심각하다.

6 산이나 들과 같은 야외에서는 어떤 운동을 하면 좋다고 생각합니까?

친구들과 줄넘기나 배드민턴 혹은 공놀이를 할 수 있다.

3　안전 교육

　안전 교육이란 학교생활에서 발생하는 각종 사고를 방지할 목적으로 학생들에게 안전에 관한 지식, 기능, 태도 및 대책 등을 체계적으로 습득시키는 교육이다. 과학 기술의 발달과 정보화 사회가 우리의 삶을 풍요롭게 해 주고 있으나 과거에 비해 각종 안전사고 발생률이 높아지고 있다. 교통사고나 화재 등은 생명을 빼앗아 가는 것은 물론이고, 경제적 손실이 막대하기 때문에 이를 예방할 수 있는 교육이 시급하다.

　우리나라는 사고왕국이라는 불명예스러운 별명을 가지고 있는데, 그 원인은 침착성과 인내력 부족, 공중도덕의 결여, 각종 시설의 안전성 미흡과 안전 교육 부족 등에서 찾을 수 있다. 이에 대한 교육이 절실히 필요하다.

　우리 생활 속에 잠재된 사고 가능성을 찾아내고 이에 대비하는 자세가 필요하다. 특히 학생들은 아직 안전사고에 대한 판단력과 돌발사태에 대한 적응 능력이 미흡하다. 그러므로 각종 사고로 인한 재해를 방지하려면 안전시설과 장치를 완비하는 동시에 안전 교육을 통해 안전에 관한 지식, 기능, 태도, 습관이 형성되도록 지도해야 한다.

활동 60 | **사고의 원인을 찾아라**

학생들의 안전한 생활을 위하여 과거의 사고를 찾아서 알아보는 활동이다. 학생들이 사고의 원인을 파악하여 안전생활을 습관화하도록 지도한다.

신문에 보도된 사고 기사의 내용을 다음과 같이 정리해 봅시다.

표제	누가	무엇을	언제	어디서	왜/어떻게
때 이른 더위... 물놀이하던 초등학생 2명 익사	어린이 2명	놀이를 하던 중	오후 5시쯤	충북 영동	급류에 휩쓸렸습니다.
뒷좌석 안전벨트 미착용 2명 사망	어린이 2명	안전벨트를 매지 않은 채 승용차 뒷좌석에 앉아 있었음	오후 2시 25분쯤	대구시 동구 진인동 팔공산 갓바위길 하행로에서 발생됨	안전벨트를 하지 않아서 승용차 뒷좌석에 타고 있던 최 씨의 큰딸(10)과 작은딸(7)이 숨지고 조카 최모(12) 군이 부상을 입었다.
느낀 점과 주의할 점	• 물놀이 하기 전에는 항상 준비운동을 먼저 해야겠다. • 물살이 세거나 깊은 곳에는 들어가지 말아야겠다. • 차 안에서는 항상 안전벨트를 매겠다. • 교통신호를 항상 지켜야겠다. • 물놀이 할 때는 항상 구명조끼를 가지고 가야겠다. • 물놀이 갈 때는 어른들과 함께 가야겠다.				

활동 61 | **물놀이 안전**

학생들이 물놀이를 갔을 때 안전한 행동을 배우기 위한 활동이다. 학생들이 물놀이 안전에 대한 지식을 습득하고 습관화하도록 지도한다.

물놀이를 안전하게 하기 위해 알아야 할 상식으로 옳은 것과 틀린 것을 구별하여 표시해 봅시다.

물놀이하기에 적당한 장소	(적당한 장소 ○표, 위험한 장소 ×표) • 자신의 키보다 높은 물 (×) • 파도가 높은 바다 (×) • 물살이 세게 흐르는 강 (×) • 물 속에 돌이 많은 곳 (×) • 깊이를 알 수 없는 곳 (×) • 물살이 잔잔하고 얕은 곳 (○) • 물 속에 모래가 많고 깨끗한 곳 (○) • 더러운 물이 고여 있는 곳 (×)
수영할 때의 주의사항	(옳은 문장 ○표, 틀린 문장 ×표) • 친구들과 떨어져 혼자서 수영해도 된다. (×) • 밑바닥이 보이지 않으면 다이빙을 해도 된다. (×) • 수영할 때는 반드시 눈을 뜬다. (×) • 몸에 소름이 돋고 입술이 파래지면 물 밖으로 나와서 몸을 따뜻하게 해 준다. (○) • 배가 고플 때는 수영을 하지 않는다. (○) • 음식을 먹고 바로 물 속에 들어가지 않는다(식사 후 30분 내). (○) • 깊은 곳에서는 헤엄치지 않으며 위험 표시가 있는 곳에는 들어가지 않는다. (○) • 물의 깊이가 자신의 배꼽 정도에서 물놀이를 한다. (○) • 신발이나 물건이 물에 떠내려 가면 얼른 뛰어가 잡는다. (×) • 물에 들어갈 때는 잠금장치가 되어 있어 잘 벗겨지지 않는 샌들을 신는다. (○)

물에 빠졌을 때 대처법	• 처음에는 숨을 들이마시고 (① 물 표면 아래로 가라앉는다. ② 물 위로 뜬다.) 이때는 팔, 다리, 머리의 힘을 (① 뺀다. ② 준다.) • 그다음 머리가 부분적으로 물 밖으로 나올 때, 팔을 (① 벌리고 ② 오므리고) 동시에 마치 가위질을 하듯 양다리를 젓는다. • 공기를 다시 마시기 위하여 양팔을 엉덩이 (① 아래로 내리고 ② 위로 올리고) 두 다리를 모으면서 발바닥과 발꿈치로 물을 누르듯이 치면서, 코가 물 표면 위에 있을 때 눈을 (① 감은 ② 뜬) 상태로 숨을 들이마신다. (① 다시 머리를 물에 담근다. ② 머리를 계속 들고 숨을 들이쉰다.) • 물 아래에서 다시 호흡이 필요할 때까지 완전히 힘을 (① 뺀 ② 준) 자세로 쉰다.
사람이 물에 빠졌을 때 구조요령	• 직접 구하기 위해 물 속에 (① 들어가야 한다. ② 들어가지 말아야 한다.) • 가까이에 있는 긴 나뭇가지나 통나무를 물 속으로 (① 던져 준다. ② 던지지 않는다.) • (튜브, 공)과 같이 물에 뜨는 물건을 던져 준다.
물놀이 안전의 중요성에 대한 생각	물놀이가 재미는 있지만 위험할 수 있기 때문에 반드시 안전교육을 받아야겠다고 생각했다. 새로운 사실을 알게 되니 재미있었다.

4 교통안전

교통안전이란 교통질서와 교통법규를 잘 지켜 사고를 미연에 방지하는 일을 말한다. 교통안전을 지키는 방법은 다음과 같다.

- 신호등 없는 횡단보도 건너기
  - 황단보도 앞에 멈춘다.
  - 차량이 오는지 살핀다.
  - 차가 없으면 손을 들고 건넌다.

- 신호등이 있는 횡단보도 건너기
  - 우선 멈춰 서서 신호등이 녹색으로 바뀔 때까지 기다린다.
  - 손을 들고 운전기사와 눈을 맞추며 오른쪽으로 건넌다.

학생들이 교통안전을 지키기 위해서 교통안전과 관련한 내용을 배우기 위해 작성하는 활동이다. 학생들이 교통 규칙을 지키도록 지도한다.

1 학교 앞에 있는 횡단 시설의 종류를 적어 봅시다.

횡단보도와 교통 신호등

2 횡단보도의 모양과 신호등의 색깔을 자세히 적어 봅시다.

- 횡단보도의 모양

선이 차례대로 그려져 있고 사람이 걸어가는 그림으로 되어 있다.

- 신호등의 색깔

빨간색, 녹색, 노란색

3 횡단보도를 지나가는 탈것의 종류를 조사하여 적어 봅시다.

버스, 승용차, 오토바이

학생들이 교통안전의 중요성을 알기 위해 교통표지판을 그려 보는 활동이다. 이 활동을 통해 학생들이 교통표지판을 읽는 방법과 그 중요성을 이해하도록 지도한다.

주위에서 볼 수 있는 교통표지판을 그리고 그 이름을 적은 후 어떤 의미인지 이야기해 봅시다.

교통표지판 이름	자전거 전용도로	교통표지판 이름	어린이 보호구역

교통표지판 이름	공사 중	교통표지판 이름	횡단보도

5 화재 예방과 화재 시 대처요령

화재 예방은 불이 일어나지 않도록 미리 대비하는 것이다. 화재 예방을 하기 위해서 학생들에게 다음과 같은 사항을 지도해야 한다.

- 사용한 다음에 가전제품의 플러그를 반드시 뺀다.
- 한 개의 콘센트에 여러 개의 플러그를 꽂아 사용하지 않는다.
- 가스 밸브를 반드시 잠근다.
- 가스 사용 중에는 자리를 비우지 않는다.
- 석유난로, 곤로 등은 불을 완전히 끈 후 기름을 넣는다.
- 소화기를 가까운 곳에 설치하여 그 위치를 알아 둔다.
- 소화기 작동법을 알아 둔다.
- 인화물질을 불 가까이 두지 않는다.
- 산이나 야외에서 성냥, 담뱃불 등을 조심한다.
- 불장난을 하지 않는다.

불이 났을 때는 먼저 주위에 화재 사실을 알려야 한다. 불이 나면 소리 나는 물건을 두드리거나 비상벨 등을 눌러 주위 사람들에게 알린다. 그리고 119로 전화해서 불이 난 장소, 위치를 또박또박 말한다. 건물 안에 갇혔을 때에는 창문 밖으로 표시하여 갇혀 있다는 것을 주위에 알려야 한다.

불을 끄기 위해서는 소화기를 사용한다. 소화기를 사용하는 방법은 다음과 같다. 먼저 소화기의 손잡이 부분의 안전핀을 뽑고, 호스를 불이 난 방향으로 향하게 한 후, 손잡이를 힘껏 움켜쥐며 비를 쓸 듯이 분사하여 불을 끈다.

화재 예방을 위한 습관을 점검해 보는 활동이다. 이 활동을 통해 학생들이 화재 예방의 중요성을 알고 지킬 수 있도록 지도한다.

화재를 예방하기 위해 점검할 내용을 보고 스스로의 습관을 점검해 봅시다.

순서	점검 내용	확인 결과(○ 표 하기)		
		잘함	보통	안 됨
1	사용하고 난 가전제품의 플러그는 반드시 뺀다.	○		
2	한 개의 콘센트에 여러 개의 플러그를 꽂아서 사용하지 않는다.	○		
3	가스 밸브를 반드시 잠근다.	○		
4	가스 사용 중에는 자리를 비우지 않는다.	○		
5	석유난로, 곤로 등은 불을 완전히 끈 후 기름을 넣는다.	○		
6	소화기를 가까운 곳에 설치하여 그 위치를 알고 있다.	○		
7	소화기 작동법을 알고 있다.		○	
8	인화물질을 불 가까이 두지 않는다.	○		
9	산이나 야외에서 성냥, 담배불 등을 조심한다.	○		
10	불장난을 하지 않는다.	○		
	계	9	1	
반성	소화기는 주변에 많이 있어서 보긴 했지만 사용법은 몰랐다. 사용 방법을 알고 직접 사용할 수 있도록 해야겠다.			

 건강안전 의식 검사

여러분의 건강과 안전에 대한 의식을 검사해 보고자 하니 솔직하게 대답해 주기 바랍니다. 해당 문항이 맞으면 '예'에, 해당 문항이 맞지 않으면 '아니요'에 체크해 주세요.

	나의 건강안전 의식은 어느 정도일까요?	예	아니요
1	나는 손을 잘 닦는다.		
2	나는 매일 발을 잘 닦는다.		
3	나는 몸을 깨끗하게 하고 다닌다.		
4	나는 식후에 양치질을 꼭 한다.		
5	나는 교통신호를 잘 지킨다.		
6	나는 화재 예방을 하고 있다.		
7	나는 화재 시 대처요령을 알고 있다.		
8	나는 안전사고에 대비하고 있다.		
9	나는 물놀이 안전에 대해 잘 알고 있다.		
10	나는 교통표지판을 잘 읽을 수 있다.		
	'예'에 답한 총 개수 ( )개		

'예'가 체크된 문항에 따라

- 8~10개: A 유형 – 건강안전 의식이 높군요.
- 4~7개: B 유형 – 건강안전 의식이 조금 있는 편이네요.
- 0~3개: C 유형 – 건강안전 의식을 기르기 위해 노력하세요.

[A 유형]
건강안전 의식이 강한 학생으로 지속적으로 노력하는 습관을 만들어 준다.

[B 유형]
건강안전 의식이 조금 있는 학생으로 '아니요'에 체크한 부분을 보충한다.

[C 유형]
건강안전 의식이 상당히 떨어지는 학생으로 건강안전 의식을 높이는 방법을 집중적으로 지도해야 한다.

MEMO

강기수(2000). 교사교육론.

강석곤(2006). 산내초등학교 교사연수자료.

강이철(2004). 교육공학의 이론과 실제. 학지사.

경기도교육청(2001). 재량활동으로 명문학교를 만듭니다. 경기도교육청.

교육인적자원부(1997). 제7차 초등학교 교육과정해설(총론, 재량활동). 대한교과서.

교육인적자원부(1997). 제7차 교육과정에 따른 초 중등학교 재량활동 실천사례 개발. 대한교과서.

김광자(2000). 교수-학습 방법의 이해. 집문당.

김혜숙(2006). 탐구학습과 문제중심학습의 비교.

대전석교초등학교(2002). 안전의식 내면화를 위한 교수 · 학습 프로그램 구안 · 적용.

박경묵, 박한숙, 정태근(2004). 특별활동 재량활동 교육과정의 이해. 양서원.

송민영(2005). 초등학교 특별활동 재량활동. 학지사.

윌리암 글라서(1998). 좋은 선생님이 되는 비결(박정자 역). 사람과사람.

윤종건(2002). 창의력 교육의 길잡이. 원미사.

이봉애(1997). 국어과 수업안. 서울월촌초등학교.

이영택(2003). 학교문법의 이해. 형설출판사.

이규은(2000). 특별활동 재량활동 교육과정의 이해. 창지사.

임효재(2005). 365일 열린 교실을 위한 창의력을 키우는 몸짓놀이. 우리교육.

전경원(1998). 교사를 위한 창의적인 문제 해결력. 창지사.

전남련(2004). 유아영재 창의구성교육과 심리검사. 청송.

전도근(2006). 생산적인 코칭. 북포스.

전도근(2005). 파워풀 프레젠테이션. 크라운출판사.

전도근(2009). 명강사를 위한 명강의 전략. 학지사.

전도근(2010). 공부의 달인이 되는 기억력과 암기력 향상 전략(교사용 지도서/학생용 워크북). 학지사.

전도근(2010). 공부의 달인이 되는 주의집중력 향상 전략(교사용 지도서/학생용 워크북). 학지사.

전도근(2010). 공부의 달인이 되는 사고력 향상 전략(교사용 지도서/학생용 워크북). 학지사.

전도근(2010). 공부의 달인이 되는 학습동기 유발 전략(교사용 지도서/학생용 워크북). 학지사.

전도근(2010). 공부의 달인이 되는 읽기 전략(교사용 지도서/학생용 워크북). 학지사.

전도근(2010). 공부의 달인이 되는 쓰기 전략(교사용 지도서/학생용 워크북). 학지사.

전도근(2010). 공부의 달인이 되는 하자 스터디 플래너 100일. 학지사.

정문성, 김동일(2002). 열린교육을 위한 협동학습의 이론과 실제. 형설출판사.

정소임(1997). 역사학습에서 역할놀이 학습 지도 연구. 이화여자대학교 대학원.

정종진(1989). 수업장면에서의 역할놀이 학습. 대구교육대학초등교육연구소.

조연순(2006). 문제중심학습의 이론과 실제. 학지사.

주영주(2004). 교수매체의 제작과 활용. 남두도서.

최유현(2005). 창의적 공학교육을 위한 문제중심학습의 모형과 절차의 탐색. 충남대학교출판부.

한국산업안전공단(2003). 교과와 함께하는 안전교육. 한국산업안전공단.

한국안전생활교육회(2001). 학교 등의 교통안전교육 체계적 추진방안에 관한 연구. 한국산업안전공단.

 저자소개

전도근

공주대학교 일반사회교육과를 졸업하고 경희대학교 교육대학원에서 교육
공학을 공부하였으며, 홍익대학교에서 평생교육정책으로 박사학위를 받
았다. 의정부고등학교와 의정부여자고등학교, 화수고등학교에서 16년간
교사로 학생들을 지도하였고, 강남대학교에서 5년간 강의하였다. 지금까
지 교육, 컴퓨터, 요리, 자동차, 서비스 등과 관련된 50여 개의 자격증을 취
득하였으며, 각 대학교, 지방자치단체, 교육청, 평생교육원, 국가전문행정
연수원 및 각종 기업체 연수원 등에서 3,000여 회 이상 특강을 하였다. 제1회
평생학습대상 특별상을 수상하였고, SBS 〈순간 포착 세상에 이런 일이〉,
KBS 〈한국 톱텐〉에 소개된 바 있다. 『엄마는 나의 코치』『공부하는 부모
가 공부 잘하는 자녀를 만든다』『생산적 코칭』『명강사를 위한 명강의 전
략』『자기주도적 공부습관을 길러 주는 학습코칭』『내 인생의 내비게이
션 자기주도학습 캠프』 등을 비롯한 100여 권의 책을 집필하였다.

창의적 재량활동 시리즈 [교사용 지도서]

1 인성 교육

2011년 1월 17일 1판 1쇄 발행
2012년 4월 20일 1판 2쇄 발행

지은이 • 전 도 근
펴낸이 • 김 진 환
펴낸곳 • ㈜학지사
　　　　　121-837 서울시 마포구 서교동 352-29 마인드월드빌딩 5층
대표전화 • 02) 330-5114　　　팩스 • 02) 324-2345
등록번호 • 제313-2006-000265호

홈페이지 • http://www.hakjisa.co.kr
커뮤니티 • http://cafe.naver.com/hakjisa

ISBN 978-89-6330-581-3 04370
　　　 978-89-6330-580-6 (set)

정가 12,000원